Herderbücherei

Band 912

Über das Buch

Wir haben eine feste Vorstellung, wenn wir an Augustinus, Franziskus oder Pascal denken. Sie ist vorgeprägt und meistens viel zu ideal, um die wirkliche Lebensleistung der Menschen zu erfassen, die als Denker der Christenheit in die Geschichte eingegangen sind. Bernhard Hanssler versucht in diesem Taschenbuch, die Bilder einiger beispielhafter Gestalten vom verklärenden Goldgrund zu lösen und die Konflikte wieder hervorzuheben, die ihr Leben und Wirken bestimmt haben. So gewinnen die Bilder wieder Tiefenschärfe, freilich wird dabei auch manche fromme Legende in Frage gestellt. Doch wie soll man geistige Existenz verstehen, wenn man die Herausforderungen übersieht, an denen sie sich entzündet hat? Die Menschen, die hier porträtiert werden, sind keine „Klassiker" jenseits von Gut und Böse, sondern Christen, die die Leidenschaft des Denkens nicht an der Kirchentüre abgegeben haben. Sie wirkten darum oft unbequem, umstritten, radikal. Sie paßten nicht in die Systeme ihrer Zeit, aber sie gaben ihrer Zeit das Gepräge. Vielleicht gründet gerade darin die Ermutigung, die von einer Wiederbegegnung mit ihnen ausgehen kann.

Über den Autor

Prälat Bernhard Hanssler, geboren 1907, Studium der Theologie in Tübingen, 1932 Priesterweihe, seelsorgerliche Tätigkeit als Studentenpfarrer in Tübingen sowie Gemeindepfarrer in Schwäbisch-Hall und Stuttgart. 1956 Mitbegründer und erster Leiter der Bischöflichen Studienförderung Cusanuswerk, Geistlicher Direktor am Zentralkomitee der Deutschen Katholiken. 1966–1970 Mitglied des Deutschen Bildungsrates. 1970–1974 Rektor des Collegio Teutonico di Santa Maria in Camposanto, Rom.

Veröffentlichungen

Das Gottesvolk der Kirche (1960). Christliches Spektrum (1963). Dante bleibt aktuell (1965).

Mitherausgeber: Der deutsche Katholizismus in der kulturpolitischen Auseinandersetzung (1965). Mit Walter Dirks: Der neue Humanismus und das Christentum (1968). Glaube und Kultur (1968).

Herausgeber: Materialien und Dokumente zur Lehrerbildung (1971). Beitrag in Band 31 der Schriftenreihe der Katholischen Akademie in Bayern: Katholik und christliche Partei.

Wörterbuch Christlicher Ethik

in 84 Artikeln mit Literaturangaben
Herausgegeben von Bernhard Stoeckle

Band 533, 288 Seiten, 2. Auflage

Zwei Jahre nach dem Erscheinen von Herders theologischem Taschenlexikon in acht Bänden, einer theologischen Orientierungshilfe von unschätzbarem Wert, setzt der Herder-Verlag mit einer neuen Original-Publikation der Herder-Bücherei seine erfolgreichen lexikalischen Bemühungen fort. Mit dem „Wörterbuch christlicher Ethik", herausgegeben von dem Freiburger Moraltheologen Bernhard Stoeckle, ist die Darbietung theologischer Ethik in der Aufmachung eines handlichen und jedermann zugänglichen Taschenlexikons geglückt. In 84 Artikeln wagen die besten deutschen Moraltheologen Auskunft zu geben zu bestimmten Fragen des sittlichen Lebens – und zwar bewußt aus der Position eines Christen, bei dem sittliche Normen keine repressiven Zwangsideen sind. Das Bändchen bietet eine genuine christliche Ethik, die nach dem Grundsatz operiert: die Gnade setzt die Natur voraus! Eine so spezifisch christliche Ethik weiß um die Tatsachen, daß Humanität nicht ohne Transzendenzbezug letztlich nicht ohne Religiosität zu verwirklichen ist. Im Gegensatz zu mancher modernen Tendenz einer humanistischen Aufweichung moralischer Prinzipien bieten die Verfasser eine Glaubensethik, die um die Bewahrung des Humanum besorgt ist. H. Sauter-Servaes

Deutsches Ärzteblatt

in der Herderbücherei

Joseph M. Bocheński

Wege zum philosophischen Denken

Einführung in die Grundbegriffe

Band 62, 128 Seiten, 16. Auflage

„Mit nur geringen stilistischen Änderungen legt hier der aus Polen stammende und nun in der Schweiz lebende Dominikanerphilosoph seine 10 Vorträge vor, die er im Bayerischen Rundfunk gehalten hat. Wie der Hörer wird auch der Leser von der Anschaulichkeit der sprachlichen Formulierungen ergriffen und zum Mitdenken und Nachdenken angeregt. Bocheński versteht es, die Grundprobleme des Philosophierens als Fragen des Lebens in einem realen Daseinsbezug zu entwickeln und den Leser aus den verschiedenen Denkmöglichkeiten die sinnvollste Lösung herausfinden zu lassen. Daß einer der bedeutendsten Logiker und Ontologen unter völligem Verzicht auf die heutige Fachsprache auch die schwierigsten Gedankengänge transparent zu machen vermag, ist ein erfreuliches Zeichen für Wissenschaft und echte Volksbildung. Diese Einführung in die Grundbegriffe der Philosophie, die von der Logik bis zur Metaphysik reicht, kann manchem einen gangbaren Weg weisen, der im Gestrüpp dürrer Theoreme das Ziel des Denkens aus den Augen verloren hat."

Bücherei und Bildung, Reutlingen

Bernhard Hanssler

Glauben aus der Kraft des Geistes

Unkonventionelle Wege der Wiederbegegnung

mit
Augustinus – Benedikt von Nursia
Franziskus von Assisi – Dante
Nikolaus von Kues – Thomas Morus
Blaise Pascal – Johann Adam Möhler
Theodor Haecker

Herderbücherei

Herder Freiburg · Basel · Wien
Herstellung: Freiburger Graphische Betriebe 1981
ISBN 3-451-07912-7

INHALT

GESICHTSPUNKTE

Zwei Fünftel der erwachsenen Bevölkerung unseres Landes leben als Alleinstehende. Mit jedem von ihnen erlischt ein Name, stirbt eine Sippe aus, sofern sie nicht zu den doppelt Einsamen gehören, die als abgeschobene Verwitwete oder Geschiedene ihr Leben ohne ihre Kinder fristen. Beginnen die Menschen einander zu meiden, so daß zuletzt in jedem Sinne nur Alleinstehende übrigbleiben?

Die Einsamen jedenfalls häufen sich, obwohl doch die Entdekkung der Mitmenschlichkeit wahrlich der Gedanke des Jahrhunderts war. An dieser neuen Idee haben alle großen Geister der Epoche mitgewoben, und doch scheint es inzwischen, als sei alles nur eine flüchtige Regung gewesen. Nicht als hätte die Erkenntnis der Verbundenheit als der Bedingung geglückten und ausgewogenen Menschentums gar nicht gefruchtet. Sozialer Sinn ist neu erwacht und er ist eine der Hoffnungen der Zeit. Aber es genügt nicht, sich für den Menschen einzusetzen, man muß sich ihm aussetzen. Menschwerdung hat ihre fundamentale Bedingung im mitmenschlichen Umgang. Erst im Umgang wird aus dem Menschen herausgeholt, was in ihm steckt und in ihn hineingezaubert, was ihm mangelt. Jeder braucht den andern, um er selbst zu werden. Denn von der Luft kann man nicht leben. Geistiges Erwachen und sittlicher Charakter verdanken sich dem Wechselspiel von Herausforderung und Vertrauen. Im Leben jedes bedeutenden Menschen läßt sich der Moment ermitteln, da der Blitz der Erkenntnis in ihn einschlug in der Berührung mit einem anderen Menschen. Was die Ethik betrifft, so hat Max Scheler gegen Kant mit Temperament geltend gemacht, daß die Vermittlung sittlicher Werte person- und partnergebunden ist, aber unsere Ethiker verbluten sich nach wie vor an der Frage nach der Norm als solcher.

Worauf es ankommt, ist, daß man jemand hat, dem man vertrauen kann, an den man sich halten kann, an dem man sich selbst entwickeln kann. Der andere ist als Existenzhilfe so nötig wie die Eva dem Adam war, nicht nur damit er uns bestätigt, sondern auch damit er uns auf stille Weise korrigiert und notfalls in Frage stellt. Zum Glück ist diese elementare Einsicht jedem zugänglich, auch dem, der auf gestelzte Worte wie Mitmenschlichkeit, Interpersonalität, Kommunikation, dialogische Existenz lieber verzichtet.

Das Gesetz des Miteinander scheint indes ebenso schlagartig entdeckt wie vergessen worden zu sein. Die Erziehung jedenfalls gebärdet sich inzwischen antiautoritär und emanzipatorisch, was in letzter Tendenz offensichtlich Alleinstehende produzieren wird. Über Nacht wurde dem Prinzip des Urvertrauens das Prinzip des Urmißtrauens entgegengesetzt. Der Zeitgeist, der schon immer ein wahrer Luftgeist war, hat zugleich die Urkunde elementarer Verbundenheit wie das Programm der Ich-Einsamkeit signiert, ohne auch nur die Feder für die Unterschrift zu wechseln. Nichts löblicher als die Entschlossenheit der modernen Pädagogik, zur Freiheit zu erziehen, aber die Freiheit erwacht nur an der Freiheit des Gegenüber, auf die sie sich einläßt, nicht aber dort, wo die Verbundenheit aufgekündigt wird, was darauf hinausliefe, Erziehung zum Menschentum damit zu beginnen, daß dessen Voraussetzung wegamputiert wird. Auf solche Ideologien sich einlassen, hieße, dem Gedanken des Jahrhunderts mit dem Streich des Jahrhunderts den Garaus machen.

Um uns dem Thema dieses Buches zu nähern: Hat die rätselhafte Verweigerung gegenüber der Geschichte nicht den nämlichen Hintergrund? In der persönlichen Verbundenheit mit den Menschen, die uns zugesprochen und auferlegt sind, vollzieht sich das Drama der Existenz in einem Raum der Geborgenheit und der Intimität. Im Umgang mit den Gestalten der Geschichte gewinnt die Existenz wohltuende Weiträumigkeit. Geistiges Leben ist wesentlich weiträumig, solange es dabei bleibt, daß Geist universale Offenheit ist. Die Apathie gegenüber der Geschichte entpuppt sich als Mangelkrankheit der Humanität. Geschichtliches Denken ist nicht auf Informationen über den Plunder und den Trubel der Begebenheiten bedacht, sondern auf Auskunft über den Menschen. J. A. Möhler stellt sich die Frage, wie sich die Teilnahme des Menschen am Geschichtlichen erkläre, und er gibt gleich die einleuchtende Antwort dazu: „Was ist es aber denn, das diese Teilnahme erregt? Ich dächte wohl, es sei daher zu erklären, weil er die Geschichte von Menschen hört und er ein Mensch ist." Wo die geschichtliche Neugierde erlischt, ist offenbar zuvor das Interesse am Umgang mit den Menschen erloschen. Vielleicht liegt die entscheidende Veränderung des Menschen gegenüber vergangenen Zeitaltern darin, daß jene Zeiten sich selber suchten im Spiegel der Geschichte, indem sie als Weltkinder mit dem Plutarch in der Hand lebten und als Christen mit der Heiligenlegende neben sich, während unsere Spätzeit auf klapprige Ideologien, auf leere Utopien, auf abstrakte Begriffe, auf dürre Programme, auf raschelnde Arbeitspapiere eingeschworen ist. Selbst von der Kanzel her riskiert man, zum Pluralismus ermutigt zu werden, auf kritische Solidarität und auf partielle Identifikation mit der Kirche verpflichtet zu werden.

Aber alle Bildung ist Umgang und die religiöse Bildung mehr als jede andere. Das erfahren wir mit tiefem Erschrecken, seitdem die Vermittlung religiöser Erfahrung in der Familie zum Erliegen oder doch ins Stocken gekommen ist. Christliche Existenz ist in ihrer Wurzel Nachfolge und Jüngerschaft, also personaler Umgang mit dem Herrn, der kein Phantom ist, sondern uns „vor die Augen geschrieben" (Gal 3, 1), damit erfahrbare Nähe gewährleistet sei. Die Fülle Christi entfaltet sich geschichtlich in den Heiligen und gewinnt damit die Anschaulichkeit des konkreten Lebensvollzugs. Vom Heiligen geht die Kraft der Erweckung aus, denn sein Vorbild ist Muster und Gepräge (Phil 3, 17), nach dem wir uns selbst die Prägung zu geben vermögen.

Nur die Offenheit für Unseresgleichen bringt uns innerlich in Bewegung. Könnte denn die vielbeklagte Sinnleere nicht zunächst einmal lediglich das unnötig dramatische Wort für die Langeweile sein, die sich wechselweise aus der Erfahrung des formatlosen eigenen Daseins, aus der Isolierung gegenüber dem Mitmenschen und aus der Blindheit für die Geschichte ergibt und die notwendig zum Gefühl der Ödnis des Daseins führt? Immer noch ist es wahr, daß dort, wo unser Mangel und der Überfluß eines Partners sich paaren, der Eros geboren wird, den Plato als die „Flügel der Seele" versteht, nicht als den dunkelsten unserer Triebe, so daß wir dank seiner Flügel der Gefahr überhoben sind, als Kriechtiere zu vegetieren.

In diesem Buch wird der Vorschlag gemacht, sich mit einigen Gestalten der christlichen Geschichte, von denen die Kraft der Erweckung ausging, einzulassen. Die Arbeiten verleugnen nicht ihre Entstehung zu verschiedenen Zeiten, in unterschiedlichen Situationen, aus wechselnden Anlässen. Die Auswahl ist auf schmerzliche Art begrenzt. Der Wille zur Weiträumigkeit wird andere historische Persönlichkeiten zu entdecken wissen, die dem einen oder anderen Leser je nach Temperament näher stehen. Jedenfalls, und darauf kommt es an, soll gezeigt werden, daß keiner dazu verdammt ist, als Alleinstehender sein Leben zu vertrauern mit dem unvermeidlichen Ergebnis humaner und christlicher Schrumpfung, weil nur noch abstrakte Begriffe ihn umschwirren. Von der Luft aber kann man nicht leben.

AUGUSTINUS – VERWANDELTE LEIDENSCHAFT

(354–430)

Die Liebe

Was ist ein Heiliger? Wenn bloß die Menschen einmal zu bewegen wären, das Vorurteil aufzugeben, als seien die Heiligen langweilige, leblose Gestalten, eine Art Statuen ohne Leben, hoch auf der Konsole über allen Bedingungen unserer eigenen Existenz! Sie haben gelebt, und das heißt gekämpft, gerungen, gelitten, versagt, Fehler gemacht, bei plötzlichen Schwierigkeiten den Kopf verloren und sich bloßgestellt. In menschlichen Zusammenstößen haben sie heftige und hitzige Aufwallungen erlebt und oft lange gebraucht, bis sie eine menschliche Beziehung wieder christlich in Ordnung gebracht hatten. Kein Heiliger steht zu Lebzeiten außerhalb der Bedingungen unseres menschlichen Daseins, jeder steht auf der gleichen holprigen Erde, auf der wir alle stehen, jeder kennt und erfährt das Stolpern und Straucheln und Fallen. Sie erfahren wie wir alle die tiefe Zwiespältigkeit unseres Daseins und nur in unsäglich hartem Ringen arbeiten sie das Bild des Heiligen aus dem spröden Block unserer Menschennatur heraus. Sie sind anders als wir, aber nicht dadurch, daß sie unter günstigeren Bedingungen gelebt hätten, sondern dadurch, daß sie nicht aufgegeben haben. Nie haben sie den Anspruch an sich selber feige den bloßen Tatsachen angepaßt, immer sind sie elastisch genug geblieben, um jeden neuen Tag dem Willen Gottes sich auszuliefern und ihm gegenüber menschlich bildsam zu bleiben. Die Heiligen haben sich nicht verrannt und nicht verbissen in ihre eigene Vorstellung von Heiligkeit, sondern sie haben Gott die Führung überlassen, auch wenn er sie einen schweren Weg zu führen beschlossen hatte. Sie haben nicht ihrer eigenen Kraft vertraut, sondern alles von der Gnade Gottes erwartet und diese Gnade über sich mächtig werden lassen. Sie haben sich nie nur dem Trieb, dem natürlichen Lebenswillen, der natürlichen Klugheit und den Kräften überantwortet, die von unten her aufsteigen, sondern immer öffneten sie sich der von oben her sie erfassenden und in sie einströmenden Kraft Gottes.

So auch Augustinus. Sein Leben war viel bewegter, spannungsreicher, erdnäher und menschlicher als das der meisten Leute. Also auch konfliktreicher. Es braucht einer nur sein berühmtestes Buch, „Die Bekenntnisse", zu lesen, um zu erfahren, unter welchen Bedingungen er heilig werden mußte, das heißt, mit welchem Erbe er zu kämpfen hatte, in welcher Umwelt er sich behaupten, mit welchem bildungsmäßigen Ballast er sich christlich formen mußte.

Wer meinen wollte, Augustinus sei ein ausgeglichener Mensch gewesen, ein sonniger Mensch oder das, was man manchmal einen feinen Menschen nennt, dürfte von diesem fürchterlichen Leben noch nichts wissen. Augustinus ist immer ein Umgetriebener und Zwiespältiger gewesen, der die Harmonie nur zu erahnen vermochte und im übrigen in Hoffnung und Geduld auf den Frieden der künftigen Welt wartete. Gewiß, nicht jeder darf sich mit Augustinus vergleichen. Augustinus war ein Genie, als Genie ist er eine Art geistiges Naturereignis, er verzehrt sich in der Leidenschaft für das Geistige, aber sein Tag ist ausgefüllt wie der Tag jedes anderen Menschen mit dem Banalen, mit den grenzenlos langweiligen und mühseligen Dingen, denen wir alle obliegen müssen. Als Seelsorger seiner Gemeinde, als Bischof, als kirchlicher Verwaltungsmann, als Vorkämpfer der Rechtgläubigkeit in einer geistig ziemlich verworrenen Epoche hatte er sich ununterbrochen mit Dingen herumzuschlagen, die an und für sich ihm nicht gemäß waren und die ihn von seiner eigentlichsten Aufgabe abzuhalten drohten. Für seine großen Fragen, für seine große Leistung, die wesentlich eine schriftstellerische war, mußte er in die Nachtstunden ausweichen, weil sein Tag mit Sorgen und Geschäften ausgefüllt war. Insofern war in seinem Leben ein Element des Tragischen. Gleichwohl hat es genau darin seine Größe und seine Heiligkeit, daß Augustinus in einem heroischen Selbstverzicht die alltäglichen Dinge tat, die er als den täglichen Willen Gottes erkannt hatte.

Die Bereitschaft, den Willen Gottes zu tun, auf den Willen Gottes in wagender und gläubiger Bereitschaft täglich neu einzugehen, ist der tragende Grund aller Heiligkeit. Daneben gehört zur Heiligkeit nun freilich auch ein bestimmtes Maß an Weltverzicht. Auch er ist ein Element des heiligen Lebens. Aber doch nicht so, als dürfte ein Christ an der Welt Verrat üben und in eine nur allzu bequeme Innerlichkeit ausweichen. Das Ungenügen an der Welt ist zwar eine der Voraussetzungen der Heiligkeit, aber nicht ihr Wesen. Es ist übrigens nur der Verzicht auf den naiven Überschwang, der Verzicht auf eine unreife Überschätzung der Glücksmöglichkeiten dieser Welt. Der Weltverzicht als solcher macht den Menschen gewiß nicht heilig, denn auch ein Ungläubiger und im übrigen empfindsamer Mensch kann leicht zu dieser natürlichen Weisheit der Distanz kommen. Dann allerdings macht der Weltverzicht nicht heilig, sondern eher bitter, untätig, zynisch. Zu dem Übungsfeld des Verzichtes gehört für den Menschen, der ein Triebwesen ist, vor allem immer wieder die Bewährung auf dem Gebiet des Geschlechtlichen. Auf diesem Gebiet, auf dem er in der Jugend eine sehr wilde Zeit gehabt hatte, ist Augustinus später überaus streng gewesen. Streng jedoch nicht aus Verdrängung, sondern aus echter Bekehrung, mag auch lebenslang ein Schatten seiner Jugendkonflikte mit ihm gewandert sein. Er hat nicht nur die Täuschungen des trügerischen Eros durchschaut – so weit kann einer rasch kommen –, sondern zugleich an die letzte Erfüllung dessen geglaubt, was sich da nicht an der Oberfläche, sondern in unserem tiefsten Wesen regt, an die Erfüllung nämlich in Gott.

Es gehört mehr dazu, daß einer ein Heiliger sei, als daß er der Welt nicht traue, es gehört dazu die große Liebe. Die großen Heiligen sind große Liebende. Ihre Liebe ist auf Gott gerichtet, um Gottes willen aber auf alles, was Menschenantlitz trägt und auf jegliche Kreatur. Ist dieser Satz gültig, dann ist Augustinus einer der größten aller Heiligen, weil er einer der größten Liebenden ist. In ihm war eine natürliche Genialität der Liebeskraft, die ihn zu einem Menschen machte, der ohne Freunde nicht leben konnte, wenn es auch übertrieben sein mag, ihn als „Genie der Freundschaft" zu bezeichnen. Soll Lieben freilich nicht ein unverbindliches, nichtssagendes, billiges Schwärmen bleiben, ein leeres Gefühl, dann hat es gerade der große Liebesfähige damit gar nicht so leicht, weil sein Liebeswille härtesten Erprobungen ausgesetzt ist und aus großen Enttäuschungen am heftigsten zum großen Hasse versucht ist. Augustinus hat viel Bitteres erlebt im Umgang mit Menschen, und es ist seinem Temperament nicht immer leicht geworden, anderen Menschen gegenüber die Überlegenheit der selbstlosen Liebe zu wahren.

Was aber ist Liebe? Sie ist eine Art Selbstvergessenheit. Darum ist es so falsch, zu meinen, der Heilige sei ein Mensch, der im wesentlichen nur mit sich selber beschäftigt sei. Dieser Anschauung leistet die beliebte Ausdrucksweise Vorschub, daß die Heiligen beharrlich an sich selbst arbeiten. Sie sind aber in Wahrheit ganz und gar nicht Menschen, die um sich selber kreisen. Das Gegenteil ist richtig. Der Heilige ist der Mensch, der von sich selber losgekommen ist, der von sich absieht und von sich wegsieht, der sich selber unwichtig geworden ist. Er ist der Mensch, der innerlich in Bewegung gekommen ist auf Gott zu und auf den Mitmenschen zu in selbstvergessener Hingabe. Diese Kunst, über das eigene Ich, über die engen Horizonte des Welthaften sich hinauszuschwingen, trägt den altehrwürdigen Namen, den Namen, der ein Urwort aller Religion ist, den Namen „Liebe". Wenn wir uns das klargemacht haben, dann vermögen wir vielleicht die folgenden Texte des heiligen Augustinus zu verstehen, in denen er den so schwierigen Versuch macht, das Geheimnis der Liebe in der Sprache einzufangen:

„Je größer die Liebe in einem Menschen, um so besser ist er. Wenn man fragt, ob einer ein guter Mensch sei, fragt man ja nicht, was er glaubt oder hofft, sondern was er liebt. Auch nicht davon hängt das sittliche Wesen eines Menschen ab, was er weiß, sondern davon, was er liebt. Kein rechtes Leben ohne rechte Liebe. Nur die Liebe bildet die Scheidelinie zwischen den Kindern Gottes und den Kindern des Teufels. Mögen sich alle mit dem Zeichen des Kreuzes bezeichnen, mögen alle das Amen sprechen und das Alleluja singen, mögen alle getauft sein, Kirchen besuchen, Kirchen bauen – durch nichts unterscheiden sich die Kinder Gottes von den Kindern des Teufels als allein durch die Liebe." Diese tiefen Worte des heiligen Augustinus sind eine ernste und eindringliche Mahnung an alle diejenigen, die meinen, sie könnten heilig werden, ohne die tiefsten Liebeskräfte ihres Herzens aufzubieten. Es genügt nicht, am sakramentalen und liturgischen Leben der Kirche teilzunehmen und diese heiligen Geschehnisse mit großer

Behutsamkeit und großem Eifer zu vollziehen. Damit allein stehen wir noch nicht in der Wirklichkeit des Heiles. Es genügt nicht, sagt Augustinus, das Amen zu sprechen und das Alleluja zu singen, so wenig wie es genügt, sich in einer unrastigen Aktivität für kirchliche Interessen einzusetzen. Am Anfang steht vielmehr die Liebe: „Liebe ist Stärke, Liebe ist Labung, Liebe ist christliche Frucht, Liebe ist Schönheit, Liebe ist Wonne. Liebe ist Weide, Liebe ist Trank, Liebe ist Speise, Liebe ist Umarmung ohne Überdruß. O Liebe, die du immer brennst, o Liebe, die du nie erlischst – o Gott, meine Liebe, entzünde mich!"

Mit diesen Worten bemüht sich Augustinus, eine Wirklichkeit, der das Wort nicht gewachsen ist, wenigstens zu umkreisen. Er definiert den Menschen durch seine Liebe: „Was seine Liebe ist, das ist der Mensch." Liebe aber ist nicht nur einseitig, nicht nur eine leere Sehnsucht, Liebe ist die *Antwort* auf die Liebe, die Gott zuerst seinem Geschöpfe erweist. Sie ist das Höchste im Leben des heiligen Menschen, weil er am tiefsten erfuhr, was Johannes uns gesagt hat: „Gott ist die Liebe."

Die Schöpfung

Zu der religiösen Eigenart des heiligen Augustinus gehört auch, daß seine ganze Leidenschaft sich auf die Frage nach dem religiösen Sinn des menschlichen Daseins wirft. Augustinus hat für sich und für den Westen diese Frage zur Kernfrage gemacht. In einer berühmten Stelle der Soliloquien ist dieses Programm formuliert. Augustinus stellt sich selbst die Frage: „Was begehrst du zu wissen?" Antwort: „Gott und die Seele." Neue Frage: „Nichts sonst?" Antwort: „Ganz und gar nichts sonst!" In dieser Formel ist der ganze Augustinus. Auf dieses Motiv stoßen wir immer wieder. Es liegt vielleicht auch jener berühmtesten Stelle aus seinen Bekenntnissen zugrunde, die vom „unruhigen Herzen" des Menschen spricht, ein Wort, das leider öfter gedankenlos nachgesprochen als denkend nachvollzogen wird. Für Augustinus ist der Herzschlag, das rastlose Pochen des leiblichen Herzens, ein offenbarendes Symbol für die fortpochende Wesensunruhe, für das Weiterticken dieser sucherischen Unruhe des Menschen, das keinen Stillstand kennt, bis das Herz selber stillsteht.

Daraus hat Augustinus den Sinn des Menschen zu deuten vermocht. Der Mensch ist dadurch gekennzeichnet, daß er ununterbrochen fortstrebt von den Dingen der Welt zu Gott hin als seiner einzigen und letzten Erfüllung. Damit aber stellt sich die Frage nach dem *Sinn der Welt,* in der der Mensch sich vorfindet und von der er doch zugleich immer wegdrängt über alles nur Welthafte hinaus. Was ist der Sinn der Welt, in die der Mensch doch eingefügt ist und der seine heiße Liebe gehört bis zu unbegreiflichen Graden der Verfallenheit? Werde ich ein Christ nur in der Abkehr von der Welt, oder werde ich Christ sozusagen aus der Welt heraus?

Die Frage duldet keinen Aufschub: Was ist der Sinn der Dinge? Die Frage wird nur um so brennender, je mehr der Mensch sich Gott verschrieben hat. Was wollen die Dinge von mir, was sind sie mir, welche Verheißung haben sie für mich? Mit einer wahren Hartnäckigkeit setzt Augustinus den Dingen zu, damit sie ihm ihr Geheimnis preisgeben. Sind sie etwa selbst der Sinn, sind sie das Letzte, das höchste Gut? „Ich fragte die Erde, und sie sagte mir: ich bin es nicht; und alles, was in ihr ist, gestand mir das gleiche. Ich fragte das Meer und seine Tiefen und das Gewimmel seiner Lebewesen, und sie gaben mir die Antwort: wir sind dein Gott nicht, such' droben über uns. Ich fragte die wehenden Winde, und es sprach das ganze Luftreich mit seinen Bewohnern: es irrt sich Anaximenes; ich bin nicht Gott. Ich fragte den Himmel, Sonne, Mond und Sterne: auch wir sind nicht der Gott, den du suchest. Ich sagte zu allen Dingen, die um mich her sind vor den Pforten meines Leibes: so saget mir von meinem Gott, weil nicht ihr selber es seid, saget mir von ihm doch etwas. Und sie erhoben ein Rufen mit lauter Stimme: ‚Er ist's, der uns geschaffen hat.' Meine Frage war mein Gedanke, ihre Antwort war ihre Schönheit."

Die Welt, ihre Gestaltenfülle, ihr Leben und Kreisen ist nichts als Ausdruck, Spiel und Spiegelung des göttlichen Lebens und der göttlichen Macht. So hatte Augustinus schon in einem hymnischen Gebet einer früheren Schrift formuliert: „Gott, nach deinen Gesetzen drehen sich die Pole, wandeln die Gestirne ihre Bahn, spornt die Sonne den Tag, sänftigt der Mond die Nacht, gibt es den Tag im Wechsel von Licht und Nacht, den Monat im Auf und Ab des Mondwechsels, das Jahr mit Frühling, Sommer, Herbst und

Winter, Zeiträume im vollen Umlauf der Sonne, kosmische Perioden im Kreisen der Sternenbahnen."

Die Welt hört nicht auf, ihren Zauber auf den Menschen auszuüben. Aber nicht, daß der Mensch der Welt inne wird, daß er ihre Köstlichkeit erfährt, ist sein Fehler, sondern daß er die Welt verabsolutiert. Seine Fehlentscheidung liegt darin, daß er von Gott isoliert, was nur in Gott Bestand, Unversehrtheit, Unschädlichkeit besitzt. Wieder wörtlich: „Wo geht ihr hin? Das Gute, das ihr liebt, es ist von ihm; aber bekömmlich und süß ist es nur in ihm, und alles, was von ihm stammt,wird folgerichtig bitter, wenn man es unrecht liebt, nämlich indem man es trennt von ihm. Was lauft ihr immer und immer nur eure Wege voll Mühsal und Beschwer? Da ist die Ruhe nicht, wo ihr sie sucht. Suchet, was ihr sucht, aber dort ist es nicht, wo ihr sie sucht!"

Der Mensch hängt an der Welt und an allem, was ihm von ihr her Erfüllung und Sättigung zu gewähren scheint. Aber immer wieder muß er erfahren, daß keine Erfüllung sättigt, daß jede ein schales Gefühl hinterläßt. Auch der Eros vermag nicht Erfüllung zu geben, gerade er nicht. Die Menschen sind Legion, die in der Täuschung leben, Liebe und Verliebtheit bedeute das Glück. Sie sind ein wenig wie Naturwesen ohne Verantwortung, sie sind wie Schmetterlinge, die von Blume zu Blume flattern, aber sie verletzen eben dadurch ihre Verantwortung vor dem andern Menschen, die nämlich in der Treue, in der unwiderruflichen Entscheidung für den andern besteht. Sie sind gepackt vom Jagdfieber einer gleichwohl immer aussichtslosen Suche nach dem Liebeshimmel und der Liebesseligkeit. Augustinus nun, nicht unerfahren in den Täuschungen und Enttäuschungen des Eros, vermerkt ausdrücklich den Überdruß, den solche Versuche bereiten. Genau diese persönliche Erfahrung war es, die ihn weitertrieb und ihn zwang, die Erfüllung anderswo zu suchen. Zugleich aber hatte er die Gewißheit, daß nicht alles ganz und gar Unwert, Unsinn und Trug sein könne, was in jener Leidenschaftlichkeit der Hingabe an das Sinnenleben, an die Gegenstände der Sinne, an Klang, Wohllaut, Schönheit, Duft, Süße sich im Menschen rege. Er begriff, daß diese Dinge nie sättigen, aber höhere Sättigung an höheren Gegenständen verheißen. Eine Stelle in den Bekenntnissen lautet: „Was aber liebe ich, da ich dich liebe? Nicht die Schönheit eines Körpers noch den Rhythmus der bewegten Zeit; nicht den Glanz des Lichtes, der da so lieb den Augen; nicht die süßen Melodien in der Welt der Töne aller Art; nicht der Blumen, Salben, Spezereien Wohlgeruch; nicht Manna und nicht Honig; nicht Leibesglieder, die köstlich sind für die fleischliche Umarmung: nichts von alledem liebe ich, wenn ich liebe meinen Gott. Und dennoch liebe ich ein Licht und einen Klang und einen Duft und eine Speise und Umarmung, wenn ich liebe meinen Gott: Licht und Klang und Duft und Speise und Umarmung meinem inneren Menschen. Dort erstrahlt meiner Seele, was kein Raum erfaßt; dort erklingt, was keine Zeit entführt; dort duftet, was kein Wind verweht; dort mundet, was keine Sattheit vergällt; dort schmiegt sich an, was kein Überdruß auseinanderlöst. Das ist es, was ich liebe, wenn ich liebe meinen Gott."

Hier ist die religiöse Bedeutung der Sinneserfahrung entdeckt. Wer ist nicht der Meinung, um religiös zu sein, müsse man vor allem seine Sinne verleugnen? Natürlich darf man nicht im Sinnenleben steckenbleiben, wenn man Christ sein will, das ist klar. Aber das Sinnenerlebnis darf nicht einfach verneint werden, denn es hat die große Bedeutung, uns sozusagen eine erste Ahnung zu schenken von dem, was religiöse Erfüllung ist. Die Sinneserfahrung erschließt uns Formen der inneren Erfahrung, die zwar um eine Unendlichkeit über allem nur sinnlichen Erleben liegen, aber doch bereits in den Sinnen sich abzeichnen, in ihnen angedeutet sind und nichts anderes sind als ihre höhere und höchste Entsprechung.

Also: Religion ist nicht nur Verneinung der weltlichen Erfüllungsform menschlichen Strebens, sie ist auch ihre höchste Steigerung. Oder anders gesagt: die Beglückungsgefühle im Weltkontakt sind religiös nicht nur negativ bedeutsam, sondern auch positiv. Sie lassen eine Richtung ahnen, in der die wahre Sättigung des Menschen liegt, sie vermitteln die ersten, vorläufigen Erfahrungen von Wertqualitäten, die in gereinigter Gestalt und in unendlicher Steigerung dem Menschen von Gott her geschenkt werden. Der Mensch bleibt Mensch, mit hungrigen Sinnen hingegeben an diese Erde, die seine Erde ist, und diese seine Verfassung wird nicht geopfert, nicht geächtet, nicht verraten um des Religiösen willen, sondern bestätigt, überhöht, erfüllt mit dem endgültigen

Gegenstand, mit dem wirklichen Gut, mit dem heiligen Wesen Gottes selbst.

Darum heißt der große Imperativ: übersteige die Welt! Übersteige die Sinne und ihre Lebensgehalte! Das sind Augustins Ratschläge, abgeleitet, gewonnen aus der Erfahrung vom Ungenügen alles Irdischen. Aber noch ist nicht der Punkt erreicht, wo dem Menschen die letzte Rast vergönnt wäre, es folgt noch ein letzter Imperativ: übersteige dich selbst! Über alle Gestalt der Erfahrung muß der Mensch hinausgelangen, will er Gott finden, ja über sich selbst muß er emporsteigen, wenn er Gottes teilhaftig werden will. Religion ist nicht sublimierter Selbstgenuß, sondern Hingabe, in der sich der Mensch öffnet, aus der Selbstverschlossenheit löst, zu Gott hin in Bewegung kommt. So kommt Augustinus, um diesen Vorgang auszusagen, zu der Vorstellung vom Zenit der Seele, zu dem hin die Seele über sich hinaus emporsteigt. „Wer ist er dort über meiner Seele Scheitel? Durch diese meine Seele selbst will ich klimmen hinauf zu ihm. Übersteigen will ich diese meine Kraft, durch welche ich dem Leibe verbunden bin und sein Gefüge lebendig erfülle. Nicht mit dieser Kraft finde ich meinen Gott." In stufenweisem Aufstieg muß der Mensch über alle Vitalkräfte der Seele, über Bewußtsein und Gedächtnis emporsteigen, ja noch über das rein geistige Selbst, um so Gott zu berühren.

Halten wir inne. Ganze Theorien der Mystik sind aus diesen Beschreibungen des heiligen Augustinus abgeleitet worden, aber nicht die Theorie interessiert uns, sondern die Hilfe, die Augustinus mit seiner eigenen religiösen Erfahrung uns selbst zu geben vermag. Sagen wir es so: das religiöse Problem heute besteht darin, daß der Mensch sich nicht freigeben kann, sich nicht lassen kann, daß er ängstlich an sich selber klebt, daß er sich in sich selbst verschanzt. Der Mensch klammert sich an die Welt, an die Weltgehalte, er hat ein religiöses Pathos der Endlichkeit entwickelt, in dem er sich gegen Gott selber abschirmt. Das Problem des Religiösen besteht aber nicht in irgendwelchen religiösen Zuständlichkeiten, in allgemeinen religiösen Empfindungen, die jeder haben kann: es besteht darin, ob der Mensch mit dem lebendigen Gott in Kontakt kommen kann. Der Mensch hat sich in sich selbst verkrochen, in das Gehäuse seines Ich. Dann ist der Gott, den er anbetet, nur sein eigener Schatten. Oder er klammert sich verzweifelt an die Welt, und dann ist Religion nichts als eine Art Weltrausch. Wir müssen uns an den Rat Augustins halten: „Suche höher!" Vielleicht ist an der religiösen Schwierigkeit des modernen Menschen seine Angst beteiligt, substanzlos zu werden, sich selbst zu verlieren, den Wirklichkeitskontakt einzubüßen. Augustinus zeigt, daß ich mich zwar verlieren muß, aber indem ich mich verliere im Akt der Hingabe, gewinne ich mich erst. In dieser Hingabe aber nimmt nach Augustins Erfahrung der Mensch sich selbst zugleich mit in die Hingabe hinein, wie er die Welt zugleich mitnimmt in diese Hingabe. Denn alles, was Welt heißt, ist nur Hinweis, Verheißung, die Erfüllung aber liegt in Gott selbst. Sich wagen, das ist die erste Voraussetzung religiösen Lebens, Suchen ist seine lebenslange innere Haltung, Finden und Berühren aber seine Hoffnung und sein Ziel.

Die Toten

Man hat schon den begründeten Versuch gemacht, den ganzen Augustinus vom Todeserlebnis her zu verstehen. Dieser Versuch wird begreiflich, wenn man sieht, wie stark Augustinus den Tod seines Freundes, seines Sohnes und den seiner Mutter erlebt hat. Man darf an diese Erlebnisse erinnern, denn so weit sie auch zurückliegen, sie haben eine Unmittelbarkeit, die uns heute noch aufs stärkste anrührt. Über den Tod des Freundes Nebridius schrieb Augustinus ein paar Zeilen nieder, wenige nur, aber von einer so unmittelbaren Eindruckskraft, daß sie einen Blick in seinen damaligen Seelenzustand ermöglichen. Die Stelle heißt: „Dunkel war es in meinem Herzen, und wo ich hinblickte, war Tod. Die Vaterstadt war mir zur Qual, das väterliche Haus zu sonderbarer Bitternis. Alles, was ich einst mit ihm gemeinsam genossen hatte, verwandelte sich jetzt ohne ihn zu unmenschlicher Pein. Überall suchten ihn meine Augen, und nirgends gab es ihn mehr. Alle Gegenstände begann ich zu hassen, weil sie ihn nicht brachten und weil sie nicht mehr wie einst zu seinen Lebzeiten, wenn er einmal zufällig abwesend war, seine Rückkehr mir wenigstens anzukündigen vermochten. Ich wurde mir selbst zum Rätsel, und wenn ich meine Seele fragte: ‚Warum bist du traurig und warum betrübst du mich?' so wußte sie keine Antwort. Und wenn ich ihr zuredete ‚hoffe auf Gott', so gehorchte sie nicht, und das mit Grund, denn der lebendige Mensch, der liebe Freund, den ich verloren hatte, war ganz anders wirklich und tat ganz anders gut als das vage Hirngespinst, auf das ich hoffen sollte. Nur Tränen noch waren mir süß, und sie hatten meinen Freund, das Glück meiner Seele abgelöst."

Der Mann, der diese Zeilen schrieb, hat gewußt, was der Verlust eines geliebten Menschen ist. Aber er sollte es noch bitterer erfahren, als er später seine Mutter hergeben mußte. Was er dabei empfand, hat er im neunten Buch seiner „Bekenntnisse" niedergeschrieben. Die Mutter lag im Sterben, in Ostia, der Hafenstadt, von wo sie in die afrikanische Heimat zurückzukehren gedacht hatte. Augustinus berichtet: „Die Umgebung fragte sie, ob ihr nicht bange sei, so weit weg von der Heimat ihren toten Leib zu lassen. Sie aber gab zur Antwort: ‚Nichts ist fern von Gott, und mir ist nicht bang, daß er am Ende der Tage den Platz nicht wisse, wo er mich erwecke.'" Die Mutter starb, und Augustinus war mit sich und seinem Schmerz allein. Er berichtet weiter: „Ich habe ihr die Augen zugedrückt. Da floß in meinem Herzen eine Trauer zusammen über alle Maßen und wollte überfließen in Tränen. Doch ein krankhafter Wille hielt sie zurück, so daß meine Augen trokken blieben, und in diesem Widerstreit war mir sterbenselend. Bei ihrem letzten Atemzug war Adeodat, mein Söhnchen, in lautes Weinen ausgebrochen, aber als wir ihm alle zuredeten, schwieg er... Als wir den weinenden Knaben beschwichtigt hatten, griff Evodius nach dem Psalter und begann einen Psalm zu singen und das ganze Haus fiel ein: ‚Dein Erbarmen und dein Gericht, o Herr, will ich besingen'... Ich preßte den Strom der Betrübnis in mein Herz zurück, ein wenig gab er nach, aber dann packte es mich mit neuer Heftigkeit. Doch ich weinte nicht, und mein Gesicht zeigte keinerlei Veränderung... Dann begrub man sie. Ich ging und kam ohne eine Träne. Selbst während der Gebete habe ich nicht geweint... Ich meinte, es würde mir gut tun zu baden, weil ein Bad den Kummer aus dem Herzen treibt. Ich legte mich schlafen, und als ich erwachte, fand ich meinen Schmerz um vieles gelindert... Und auf einmal konnte ich weinen vor deinem Angesicht, weinen um sie und für sie, um mich und für mich. Und ich ließ den Tränen freien Lauf, nachdem ich sie so lange zurückgehalten hatte, damit sie flössen, was sie konnten. Und sie unterspülten mein Herz und es ruhte auf ihnen und nur du hörtest mir zu, kein Mensch, der mein Weinen überheblich hätte deuten können."

Das ist Augustinus in der Trauer um die Mutter, in der Begegnung mit dem Tod. Hier hat ein Menschenherz sich Luft gemacht im Leid wie nie zuvor, und das ganze Abendland hat aus den Bekenntnissen Augustins, wie so viele andere Gefühle, die Totentrauer gelernt, das menschliche und christliche Trauern.

Und dennoch hat dieser selbe Augustinus auch Anlaß gehabt, gegen die Trauersitten seiner Zeit Einspruch zu erheben, weil vieles an ihnen mehr heidnisch als christlich war. Er hat darüber eine sehr kritische Schrift veröffentlicht. An den Gräbern hielt man damals Totenmähler ab, am dritten, neunten und dreißigsten Tag nach dem Tod und wieder am Jahrtag. Reichere Leute ließen am Grab einen Tisch anbringen, an dem sich an den genannten Tagen die ganze Verwandtschaft niederließ. Aber diese Mähler arteten nur zu oft zu Gelagen aus, die mit ehrfürchtigem Totengedenken und christlicher Fürbitte nichts mehr zu tun hatten. Vielleicht gibt es solche Gefahren bei uns nicht mehr. Heute sind wir eher versucht, zuwenig als zu viel zu tun, um die Erinnerung an unsere Toten wachzuhalten. Wir begraben sozusagen maschinell und mit jenem gottlosen Tempo, das wie ein Fluch zu unserem Leben und Erleben gehört und das sich höchstens noch beschleunigt, wenn es sich um die unbehagliche Begegnung mit dem Tod und den Toten handelt. Aber auch bei uns ist die Gefahr groß, daß Begräbnissitten, daß Gestaltung der Grabstätte, daß der innere Umgang mit unseren Toten mehr heidnisch als christlich wird. Das Buch von Evelyn Waugh „Tod in Hollywood" ist gewiß eine Satire, eine beißende und eine übertreibende, aber es entlarvt unbarmherzig die gottlosen Formen des Totenkultes einer glaubenslos gewordenen Zeit. Sie hat auch die Pietät gegenüber der Welt der Toten verloren, ein Urempfinden der Menschen, das in alten Zeiten um so vieles lebendiger war als heute.

Aber wie soll man dem Grab gegenüber die Pietätspflicht erfüllen, wenn man nicht einmal weiß, wo dieses Grab sich befindet oder wenn man weiß, daß ein Toter gar kein Grab gefunden hat, wie so viele Tote unserer modernen Kriege? Merkwürdig, diese

Fragen gibt es auch schon für Augustinus, samt einer christlichen Antwort. Denn jene tumultuarischen Zeiten der Völkerwanderung glichen unserer Zeit in mehr als einer Hinsicht. In seinem Buch vom „Gottesstaat" hat Augustinus darüber sehr erwägenswerte Worte niedergeschrieben. Er spricht vom Massensterben und sagt dann: „Aber bei solchen Massen von Erschlagenen konnten sie ja nicht einmal begraben werden. Auch darüber entsetzt sich frommer Glaube nicht allzu sehr, denn er hält fest an der Vorhersage, daß selbst das Auffressen durch wilde Tiere den zur Auferstehung bestimmten Leibern nicht schaden kann, denen nicht ein Haar von ihrem Haupte zugrunde geht. Niemals würde Christus, die ewige Wahrheit, sprechen: ‚Fürchtet euch nicht vor denen, die den Leib töten, die Seele aber nicht töten können', wenn irgendwelche Willkür der Feinde gegenüber den Leibern der Getöteten irgendwie dem künftigen ewigen Leben Eintrag tun könnte... Also hat zwar die Erde gar viele Leiber von Christen nicht bedeckt, aber keinen davon hat jemand losgerissen vom Himmel und von der Erde, die mit seiner Gegenwart ganz erfüllt der, der da weiß, woher er das wieder erwecken soll, was er geschaffen hat. Allerdings heißt es im Psalm klagend: ‚Sie gaben die Leichen deiner Knechte den Vögeln des Himmels zur Speise, das Fleisch deiner Heiligen den wilden Tieren im Lande; sie vergossen wie Wasser ihr Blut rings um Jerusalem, und es war niemand, der sie begraben hätte'; doch damit soll mehr die Grausamkeit derer hervorgehoben werden, die solches getan, als das Unglück derer, die solches erduldet haben. So hart und schrecklich dies auch in den Augen der Menschen erscheinen mag, ‚in den Augen Gottes ist der Tod seiner Heiligen kostbar'."

Diese Stelle aus dem „Gottesstaat" – es handelt sich um das zwölfte Kapitel des ersten Buches – wird dann fortgesetzt mit einem ganz kurzen Hinweis, der aber von großer Wichtigkeit ist. Er lautet: „Daher sind alle Dinge, wie die Pflege des Leichnams, die Art der Beerdigung, der Prunk des Leichenbegängnisses mehr ein Trost für die Überlebenden als eine Wohltat für die Toten." Das ist eine Feststellung, die ihre volle Richtigkeit hat, wie sehr wir über sie zunächst auch überrascht sein mögen. Die Folgerung daraus aber kann nur heißen: wichtiger als alle Bestattungsfragen ist das fürbittende Gebet für den Toten. „Nicht der Ort ist wichtig, sondern das Gebet." Darum soll auch der Christ sich nicht an seine Trauer verlieren. Es spricht die Klugheit eines großen Menschenkenners und Seelenführers aus der Briefstelle, in der Augustinus erklärt, selbstverständlich dürfe ein Christ seinen Schmerz zum Ausdruck bringen und dürfe Tränen vergießen, aber sein Kummer dürfe nicht allzu lange andauern. Dieser Kondolenzbrief enthält so wertvolle Gedanken und so interessante Mitteilungen, daß wir ihn wenigstens im Auszug kennenlernen wollen:

„Deine liebe Gabe, die Du mit frommer, fleißiger Hand hergerichtet und mir zum Geschenk gemacht hast, habe ich gern angenommen. Durch die Ablehnung hätte ich Deinen Kummer nur noch vermehrt, und ich möchte Dich gern getröstet sehen. Du glaubst nämlich einen nicht geringen Trost darin zu finden, wenn ich den Rock trage, den Du für Deinen Bruder, den geweihten Diener Gottes, genäht hast. Denn er, da er aus dem Lande der Sterblichen geschieden ist, bedarf solch vergänglicher Dinge nicht mehr. Um darum Deinem schwesterlichen Herzen diesen, wenn auch nur geringen Trost nicht vorzuenthalten, erfülle ich Deinen Wunsch, und wisse: jetzt, wo ich Dir diesen Brief schreibe, bin ich schon mit dem gesandten Rock bekleidet. Sei also guten Mutes! Doch begnüge Dich nicht mit diesem dürftigen Trostgrunde, sondern schau Dich um nach einem besseren und wertvolleren! In Gott liegt die Kraft, die Dein Gemüt aufheitern und die Wolke, mit der unsere armselige Menschennatur Dein Herz umhüllt hat, verscheuchen muß. Darum lebe in beharrlicher Pflichterfüllung so, daß Du mit Deinem Bruder vereint lebst; denn auch er ist dahingeschieden, um erst recht zu leben. Man kann es verstehen und darf es sterblichen Menschen nicht verargen, wenn sie durch das Hinscheiden lieber Angehöriger in Trauer versetzt werden. Doch für einen gläubigen Menschen will es sich schlecht ziemen, daß er sich einem lang anhaltenden Schmerz hingibt. Wenn Du also durch den Tod Deines Bruders in tiefe Trauer versetzt wurdest, so laß es jetzt genug sein, und stöhne und klage nicht, wie die Heiden es tun, die keine Hoffnung haben."

Es gibt manche unter uns, die sich diese wichtige Mahnung merken müssen. Augustinus, der Trauernde am Grab des Nebridius, am Grab der Mutter, kann nicht in den Verdacht geraten, gefühllos zu sein, aber er weiß auch, wie gefährlich es sein kann,wenn man sich einem Gefühl ohne alle Selbstdisziplin überläßt. Wir selbst werden dadurch gelähmt, dem Toten nützen wir nicht durch leeres Trauern, und wenn wir Glauben genug hätten, würden wir die Toten lieber Gott anheimgeben und mit der Kirche sprechen: „Kostbar ist in den Augen des Herrn der Tod seiner Heiligen."

Die Ordnung der Liebe

Augustinus ist ein sucherischer Mensch. Das Wort „suchen" ist eines der Kernworte seiner Sprache. Was er gesucht hat, ist nichts anderes als das rechte Leben, das erfüllte Leben. Er nennt es das selige Leben und meint damit die Selbstverwirklichung des Menschen, in der der Mensch das wird, was er sein soll. Das ist nur zu erreichen durch die Erfüllung des sittlichen Gesetzes. Augustinus hat sich über diesen Begriff viele Gedanken gemacht. Viele Menschen halten das Sittengesetz nur für eine Summe von Forderungen und Regeln, die eben einmal aufgestellt sind und denen der Mensch sich unverständlicherweise unterwerfen muß. Für Augustinus ist das Sittengesetz etwas ganz anderes. Es ist die innere Wesensordnung der Wirklichkeit selbst. Was aber heißt Wirklichkeit? Wirklichkeit heißt Schöpfung, und darum ist das Sittengesetz so viel wie die Schöpfungsordnung. Da Gott als Schöpfer der Welt auf unvorstellbar innige Weise mit seiner Schöpfung verbunden ist, ist das Sittengesetz letzten Endes gleichbedeutend mit der inneren Wertfülle des göttlichen Lebens. Gott ist der Inbegriff des Guten, er ist das Gute nicht nur in einem abstrakten Sinne, sondern das Gute, wie es sich aus der unvergleichlichen Intensität des göttlichen Lebens selber vollzieht. In Gott sind alle denkbaren Vollkommenheiten in der höchsten Steigerung vorhanden. Die Vollkommenheit des Schöpfers strahlt ein in seine Schöpfung. Diese Einstrahlung ist das Sittengesetz.

Wie sollen wir Menschen aber dieses Sittengesetz erfüllen? Es gelingt uns nur, wenn wir mit der gesammelten Liebeskraft unseres ganzen Wesens die Vollkommenheit Gottes erfassen, bejahen und nachvollziehen. Der Mensch, wie Augustinus ihn sieht, ist wesentlich Liebesbegabung. Liebe ist die Grundkraft seines Wesens, die Liebe bestimmt das innere Gefälle des Menschen. „Meine

Liebe ist meine Schwerkraft", heißt es in den „Bekenntnissen". Diese Liebe ist etwas Verlangendes, Suchendes, Hingabewilliges. Sie ist das, was Augustinus gelegentlich einmal „die Ranken des Herzens" nennt, also jenes Tasten und Sichausrecken nach dem wahren Halt. Tugend besteht somit darin, daß die Liebeskraft des Menschen sich an Gott bindet und dadurch ihre innere Ordnung erhält, Tugend ist die Ordnung der Liebe, ordo amoris. Was für ein Begriff!

Heutzutage empfinden die Menschen die Tugend fast nur noch als eine Verarmung des Lebens, als eine Verkümmerung der Lebensfülle, als eine vitale Gebrochenheit. Für Augustinus ist Tugend das volle Leben, die volle Entfaltung der tiefsten Kräfte des Menschen. Die heute allenthalben zu beobachtende Lähmung der sittlichen Energien des Menschen hat ihre Ursache darin, daß der Mensch nicht mehr tief genug überzeugt ist, in der ethischen Frage gehe es um die rechte Selbstverwirklichung, um volles Menschentum. Solange in der Tugend etwas nur Negatives gesehen wird, was unsere Möglichkeiten beschneidet, kann der Mensch nicht den Eifer für das Gute entwickeln, ohne den er überhaupt nicht sittliche Persönlichkeit wird.

Man hält, wie gesagt, die Moral für eine Verarmung, und man hält sie zugleich für eine Verkrampfung. Augustinus weiß aber, daß der liebend mit Gott verbundene Mensch im sittlichen Leben nicht eng wird, sondern weit, nicht unfrei, sondern frei, nicht verkrampft, sondern gelöst. Erst in der sittlichen Gesinnung und Tat gibt es echte Freiheits-Erfahrung. Da gibt es einen Satz bei Augustinus, kühn und großartig, von grundlegender Bedeutung für den Menschen, der um sich selber ringt: Dilige et fac quod vis, liebe und tue was du willst. Man denkt, das schließe sich in jedem Falle aus, sittlich zu leben und gleichzeitig tun zu können, was man will. In dieser Möglichkeit zu tun, was man will, liegt zwar eine unvergleichliche Erfahrung von Freiheit. Aber kann der Mensch denn noch tun, was er will, wenn er gleichzeitig ein sittliches Leben führen, wenn er sich dem Sittengesetz unterordnen soll? Ist sittliches Leben nicht gleichbedeutend mit Eingrenzung, mit Verbot, mit ständiger Reglementierung des natürlichen, unbefangenen Lebensgeschehens? Dem heiligen Augustinus ist es wichtig, zu klären, daß der Mensch dort, wo er in der letzten Bindung und

Hingabe an Gott lebt, die sittlichen Forderungen nicht mehr als eine Begrenzung, als eine Einengung erfährt, sondern als eine Möglichkeit zu voller Selbstentfaltung und voller Selbstfindung. Der Mensch kann tun, was er will, das klingt verwirrend und gefährlich, aber der gottliebende Mensch wird nicht mehr auf den Gedanken verfallen, chaotisch zu leben, den dunklen Tendenzen seines Wesens sich zu überantworten, sich in einem schlimmen Sinne gehenzulassen. „Nur der ganze Gebundene wird der ganz Erlöste sein", dieses Wort eines modernen Dichters ist eine tiefe und angemessene Wiedergabe des augustinischen Gedankens.

Aber ist es nicht so, daß jeder Mensch, auch wenn er den besten Willen hat und redlich bemüht ist, sein Leben aus der Liebesverbundenheit mit Gott zu gestalten oder die Nächstenliebe Tag um Tag zu üben, immer wieder die traurige Erfahrung des Versagens macht? Daß wir immer wieder versagen, ist eine betrübliche Tatsache. Das sittliche Versagen ist vor allem deswegen so gefährlich, weil dem Versagen das Verzagen folgt, die ständige Verstimmtheit, die in allen Menschen zurückbleibt, die aus Kleinmut auf die sittliche Anstrengung verzichtet haben. Der Mensch gibt sich auf und läßt sich treiben. Natürlich weiß Augustinus so gut wie einer, daß wir in unserem sittlichen Bemühen allzu oft scheitern. Er ist sogar sehr realistisch und hat es gar nicht gemocht, wenn man in einer übertreibenden Weise vom Menschen behauptete, daß er des Guten fähig sei. Irgendwo heißt es bei Augustinus: „Der größte römische Redner, Cicero, sagte von jemand: nicht ein Wort hat er gesprochen, von dem er das Bedürfnis gehabt hätte, es zurückzunehmen. Das erscheint vielleicht als herrliches Lob. In Wirklichkeit paßt es besser auf einen Dummkopf als auf einen vollkommenen Weisen. Gerade den Erznarren ist es eigen, niemals ein Wort zurücknehmen zu wollen, je weiter sie von aller Vernunft entfernt und je törichter und geistloser sie sind. Die Einsichtigen hingegen sind es, die ein unrechtes oder törichtes oder unpassendes Wort bereuen. Ich wage zu sagen, daß es für Hochmütige gut ist, in eine offenbare Sünde zu fallen, damit sie sich selbst mißfallen, die durch Selbstgefälligkeit bereits gefallen sind. Was mich betrifft, so fehlt mir im Leben des Geistes so viel, daß ich leichter aufzählen kann, was ich besitze, als was ich noch zu erwerben mich sehne." Da haben wir den Theoretiker des Ethischen, der zugleich ein großer Menschenkenner ist, und nur ein solcher ist ein wirklicher Ethiker. Ein Menschenkenner ist einer, der den nüchternen Blick hat für die wahren Antriebe und für die wahren Möglichkeiten des Menschen.

Der Mensch versagt, der Mensch lebt nicht wie er soll, aber er darf nicht aufgeben. Müht er sich nicht um die Tugend, um diese Ordnung der Liebe, dann hat er mit den Qualen des Schuldgefühls zu büßen. „Jeder ungeordnete Geist ist sich selbst zur Strafe", das ist die Formel, mit der Augustinus diesen sittlichen Zusammenhang gedeutet hat. Auf diesem Gedanken ist übrigens nicht nur die ethische Theorie des Christentums durch das ganze Mittelalter, sondern auch die gewaltige Dichtung Dantes aufgebaut. Der ungeordnete Geist ist sich selbst zur Strafe, das heißt, es bedarf nicht erst einer zusätzlichen äußeren Peinigung im Sinne einer äußeren Höllenstrafe. Der Mensch, der die sittliche Aufgabe verabsäumt, trägt die Hölle in sich selber. Nicht äußere Pein am Ort der Verworfenheit macht seine tiefste Qual aus, sondern das Bewußtsein des verfehlten Lebens, des endgültig und unwiderruflich verfehlten Lebens.

Das Böse straft sich selbst, das ist die erste Folgerung des heiligen Augustinus. Seine zweite Folgerung, die er aus der Beobachtung zieht, daß der Mensch in seinem sittlichen Bemühen immer wieder scheitert, ist die, daß man trotz alldem auf dem Wege des Guten ausharren muß. Einer der großartigen Sätze Augustins heißt: „Besser ist es, auf dem rechten Weg zu hinken, als außerhalb des Weges keck einherzustolzieren." Oder im lateinischen Urtext: „Melius est, in via claudicare quam praeter viam fortiter ambulare." Ein schöner Satz fürwahr! Aber ist es auch ein wahrer Satz? Jeder von uns wird zunächst geneigt sein zu sagen, es sei besser, gerade und aufrecht einherzuschreiten, als krumm und hinkend sich voranzuschleppen. In der ethischen Frage aber gilt das nicht. Hier ist es so, daß es besser ist, der Mensch kommt nur hinkend vorwärts auf dem guten Weg, als daß er abseits vom guten Wege seinen stolzen Gang bewahrt.

Die dritte Folgerung, die Augustinus aus der Feststellung zieht, daß der Mensch im Sittlichen schwach ist, ist die Verkündigung der göttlichen Vergebung. Das ist die eigentlich christliche Antwort auf jene Selbsterfahrung des Menschen. Augustinus hat einmal gesagt: „Sündenvergebung ist unsere Vollkommenheit hienieden." Wenn der Mensch sich nicht als Sünder erkennt, lebt er in der Selbsttäuschung; wenn er im Erlebnis seiner Sündhaftigkeit verzagt, ist er ein Ungläubiger. Als Christ kann er die bittere Erfahrung seines Versagens nur so verarbeiten, daß er auf die Vergebungsbereitschaft Gottes vertraut. Nur mit dieser Gewißheit läßt sich's ehrlich leben, ohne innere Verkrampfung, ohne Unaufrichtigkeit und ohne tiefe seelische Störung. Wie furchtbar die Sünde auch ist, für einen Menschen, der sie im Lichte des Glaubens beurteilt, ist selbst die Sünde, recht bereut und von Gott vergeben, ein Mittel, um uns Gott näher zu bringen. Augustinus hat einen berühmten Satz des heiligen Paulus zitiert und auf bezeichnende Weise erweitert: „Denen, die Gott lieben, gereichen alle Dinge zum besten, auch ihre Sünden." „Auch ihre Sünden", das ist Augustins Zusatz. Ein solcher Glaube könnte manchem Menschen aus tiefsten inneren Nöten helfen, der nie recht frei wird von Sündenangst und Gewissensqual, weil er einen zu schwachen Glauben hat und zwar allen möglichen religiösen Gedanken und Vorstellungen nachgeht, aber nicht an die eine zentrale Wahrheit denkt, daß Gott die Sünde vergibt.

Was diese gläubige Auseinandersetzung mit der Sünde bedeutet, ist aus folgendem Text zu ermessen: „Wir haben lange und böse Jahre der Sünde gelebt. Laßt uns nun wenigstens danach verlangen, Gott zu leben! Gott ist gut und verzeiht den Bekennenden. Er vergibt, er spürt nicht auf, was er strafen soll. Er sucht, was er vergeben könne. Nur ein Unrecht findet keine Vergebung bei Gott, die Verteidigung der Sünde. Versöhne Gott durch das Bekenntnis, da du ihm durch Leugnen nichts verhehlen kannst. Dein Bekenntnis lehrt ihn nichts, aber dich reinigt es."

DER HEILIGE BENEDIKT IN DER EUROPÄISCHEN BILDUNGSTRADITION

(480–547)

Aus Anlaß des 1500. Geburtstages des Patrons Europas

I

Die Sorge, daß die europäische Bewegung erstarrt, greift um sich. Daß Europa an sich zu zweifeln beginnt, ist um so bestürzender, als wir ja europäisch schon einmal weiter waren, in den benediktinischen Jahrhunderten nämlich. Wenn wir uns mit dem Beitrag der Benediktiner zur europäischen Bildungstradition beschäftigen, also einen Nebenschauplatz benediktinischer Geschichte aufsuchen, vergessen wir darüber nicht, daß die Bildungsarbeit des Ordens nie das Opus Divinum aus seinem Vorrang verdrängen wollte, sondern auf es hingeordnet blieb und von ihm belebt wurde. Man hielt sich an das Prinzip, das Konrad von Hirsau formuliert hatte: „Die weltliche Literatur kann unsere Seele und unseren Stil schmücken, wenn wir sie auf den göttlichen Kult hinzuordnen wissen." Bildung war nur das, was hinzugegeben wurde; was gesucht wurde, war das Reich Gottes. Staatlich hatte Europa, auch nachdem das Römische Reich erneuert worden war, eine fast nur symbolische Existenz. Seine Substanz und seine Dynamik lag ganz und gar auf kulturellem Feld. Das macht den großen Unterschied zu den europäischen Versuchen unseres Jahrhunderts aus, die eine staatliche Existenz Europas auf dem Weg über Markt und Wirtschaft suchen und sich um das Kulturelle wenig Sorgen machen.

Europa hat sich kulturell versichtbart in seinen Münstern und Domen. Eine Kathedralenfahrt ist heute noch die unmittelbarste Gelegenheit, europäische Landschaft und europäische Abgrenzung auszukundschaften. Zwar ist nicht zu vergessen, daß die schönsten Bauwerke auch der Romanik benediktinischer Herkunft sind oder waren (denn wir vergessen nicht die romanischen Ruinen zwischen Hirsau und Haisterbach), aber auch jene neue Kultur- und Baubewegung, die ganz Europa in eine selbstvergessene Ekstase versetzte, die Gotik, ist unter einem benediktinischen Habit erwacht. Suger, der große Abt von St. Denis, Theologe, Politiker und Architekt in einem, hat mit der Inbrunst und der Leidenschaft des Genies aus den Prinzipien des Lichts und der Zahl das neue Bauen entworfen und exemplarisch ausgeführt. Alles was Gotik heißt, bleibt in seiner Spur. Architektur ist die eigentlich öffentliche Kunst, sie wendet sich nicht nur an das Auge, sie bildet auch das Auge, und so bekam der Mensch des Mittelalters oberhalb der sprachlichen, politischen, volkstumshaften Unterschiede und Gegensätze zunächst einmal ein neues Auge, eine gemeinsame Formenwelt und Formensprache, die in ihrer Rückwirkung auf die Betrachter und Benützer eine wichtige Erlebnisgemeinschaft schuf.

Aber noch ehe einem die Bauten einfallen, verbindet sich mit dem Gedanken des Benediktinertums die Vorstellung der Illuminierungskunst und der Miniatur. Diese Schöpfungen sind seit langem das Entzücken der Kenner. Dabei stellt sich abseits alles Genießertums die ernsthafte Frage, ob jemals in der langen und mannigfaltigen Kunstgeschichte der Christenheit die Ahnung der Transzendenz so mächtig vermittelt wurde, wie in Reichenauer oder Echternacher Arbeiten, zumal ihren Christusgestalten und ihren Engeln.

Die Erinnerung an die künstlerischen Leistungen der Benediktiner bestätigt nur, daß Europa nicht Idee bleiben konnte, sondern sich als Idee darstellen mußte. Die objektivierende Darstellung hat aber auch ihre technische Seite, und in dieser Hinsicht waren die Klöster nicht nur die Kunstakademien und -ateliers der Epoche, sondern auch die Verlagshäuser, wieder mit der zugehörigen Technik, erst dem Scriptorium und später der Druckerei (z. B. in Subiaco), wie sie auch die Dichterakademien jener Jahrhunderte waren. An die Scriptorien kann ein kultivierter Mensch ohnehin nicht denken, ohne von der Vorstellung der Emsigkeit, der Aufopferung, vor allem der Kunstfertigkeit dieser Mönche überwältigt zu werden, wenn auch nicht jeder von ihnen ein Regibert von Reichenau war, der im Mittelalter die schönste Hand schrieb. Aber neben dem Formalen, so hoch es zu werten ist, sind es doch die Editionen dieser Häuser, die den Inhalt, die geistige Essenz Europas überliefert, gesichert, vervielfältigt haben. Man erschrickt ja noch nachträglich, wenn man an die Alternative denkt, daß es nämlich keine Mönche gegeben hätte, was schlicht bedeutet, daß wir nicht nur keine Bibel, keine Kirchenväter, keine liturgischen Texte hätten, sondern eben auch nicht die römischen Klassiker, Vergil, Horaz, Lucan, Terenz, Cicero und wie sie alle heißen mögen, die Männer, deren Gedanken, deren Form, deren Poesie uns zivilisiert haben. Ohne die Kopierarbeit der Antiquarii in den Klöstern hätten wir nicht den kulturellen Grundstock, ohne den es kein Europa gibt, und um noch einen Schritt weiter zu gehen: wäre nicht der Mönch Theodor von Tarsus im 7. Jahrhundert Homer lesend durch die englischen Lande gezogen, dann hätte es nie die berühmte Philologie des modernen Oxford gegeben.

Das europäisch Gemeinsame dieser Bildungswelt ist gegeben in dem allen gemeinsamen Bildungsstoff und in der gemeinsamen Sprache, dem Latein. So weit wie das Latein reichte, so weit reichte Europa. Das Netz, das die lateinische Sprache knüpfte, überspannte die Gegensätze und dieses Netz hielt überraschend gut und überraschend lang. Daß es unterhalb dieser festen und gefestigten Schicht eines gemeinsamen europäischen Bildungsbewußtseins das Gebrodel der üblichen Zerstrittenheit gab, macht die segenstiftende Wirkung jenes frühen geistigen Europa erst sichtbar, einer geistigen Welt, die außerdem stets als anklagende und richtende Norm über dem völkischen oder politischen Gezänk empfunden wurde.

Das Latein ermöglichte und erleichterte vor allem den intereuropäischen Austausch der kulturellen Kräfte. Daß der Engländer Alkuin der Kultusminister Karls des Großen auf dem Kontinent sein konnte, ohne daß es zu Komplikationen und Konflikten kam, war letzten Endes das Geschenk der lateinischen Sprache. Daß man wie Anselm in Aosta geboren sein konnte, dann in der Normandie das Amt eines Abtes bekleiden konnte und schließlich zum Erzbischof von Canterbury berufen werden konnte, das eben ist das europäisch Selbstverständliche der Epoche. Der heilige Ludger ist ein anderes Beispiel jenes kulturellen Austausches und jener kulturellen Freizügigkeit. Von Utrecht ging sein Weg nach York, von York nach Montecassino und von dort nach Münster und nach Werden. So wurde das Netz, das die Sprache spannte, auch zum Straßennetz, das die kulturellen Brückenköpfe Europas miteinander verband, und auf diesen Straßen gab es ein ständiges Kommen und Gehen von eiligen Mönchen, die Briefe oder Verbrüderungsangebote von Ort zu Ort trugen, alte Bande festigend oder neue knüpfend.

Das viele Latein, das die Mönche lasen, und immer eher die Poeten als die Prosaisten, blieb nicht ohne Folgen. Das Versemachen kam auf, und neben viel Mittelmäßigem, Nachempfundenem gibt es aus der Feder des Walahfrid Strabo, des Notker Balbulus und manch anderer eben doch auch unsterbliche Schöpfungen. Diese klösterlichen Dichter schufen nicht nur Sequenzen, sie nahmen sich auch weltlicher Stoffe an, wie etwa Walahfrid Strabo in seinem entzückenden Hortulus, in dem er Kraut und Unkraut des klösterlichen Würzgärtleins der Reichenau besingt, wobei er sich in antiken Metren übt, aber auch den antiken Mythos geschickt verwendet und gleichzeitig die Übernatur in der sprossenden Natur mit kräftigem Symbolismus sich spiegeln läßt. Kultur im höheren Verständnis, als Sprach- und Formkultur ist sein geschmeidiges Instrument.

Dichtung und Literatur aus klösterlichen Werkstätten nennen, heißt auch, an die schöpferischen Frauen der benediktinischen Jahrhunderte erinnern, also zuerst an die heilige Lioba, dann an Hroswitha von Gandersheim mit ihren lateinischen Dichtungen, diesen frühen Sonderfall einer Auseinandersetzung mit antiken Stoffen und Autoren. Später ist es die prophetische Hildegard von Bingen, dann die große Gertrud, deren jede auf ihre Weise sowohl der Ruhm benediktinischer Kultur als auch der Ruhm des weiblichen Geschlechtes ist, das außerhalb des Klosters keine Chance hatte, seine Stimme zu erheben und seine schöpferischen Kräfte zu üben. Es soll nicht behauptet werden, daß jene Jahrhunderte die Frauenfrage gelöst hätten, aber es ergaben sich Ermutigungen von der Klosterzelle her, die umso wichtiger waren, als der Minnesang als bemerkenswertester Versuch einer Kultur des Eros die Frau zwar besang, aber nicht befreite, den Mann zwar veredelte, aber der Frau nicht half, sondern sie mit seiner doppelten Buchführung eher ins Zwielicht brachte.

II

Was in den Scriptorien in unvorstellbar harter und emsiger Arbeit an geistigem europäischen Besitz technisch zur Verfügung gestellt wurde, wurde in den Klosterschulen in die kleinen Köpfe der Schüler umgegossen. Scriptorium und Schule sind in der Benediktsregel durch die Anweisung zur lectio zwar nicht eingeführt, aber doch angebahnt, wenn es sich historisch auch um die Übernahme der steckengebliebenen kühnen Programme aus dem Kloster Cassiodors handeln mag. Durch die Schule wurde das immer etwas unheimliche Buchstabenwerk der Pergamente zu frischem Leben erweckt. Man lernte fleißig den Psalter auswendig und unterzog sich nebenher der strengen Disziplin der Sieben freien Künste, die die weltliche Entsprechung zur Disziplin der Regula waren. Zu der „Schule für den Dienst des Herrn" (Prolog der Regel) kam die Schule für den Dienst an der weltlichen Kultur, zu den „Werkzeugen der geistlichen Kunst" (Kapitel 4 der Regel) gesellt sich das Instrumentarium der Sieben freien Künste. Genau besehen spielte freilich das Quadrivium eine bescheidene Rolle, soweit es sich nicht um Kalenderberechnungen und Musik handelte. Das Trivium beherrschte die Schule und im Trivium führte die Grammatik das Regiment, Grammatik, die ja damals nicht nur die Lehre von den Sprachregeln bedeutet, sondern den klassischen Lektürekanon und die Kunst der Kommentierung (Recte loquendi scientia et poetarum enarratio). Einer der besten Kenner, Jean Leclercq gibt (1957) folgende Kennzeichnung: „Man kann sagen, daß in dieser Kultur alles Literatur ist: mit anderen Worten, alles ist in ihr den Gesetzen der Kunst des Schreibens unterworfen, sei es in Versen, sei es in Prosa." Damit bestätigt die moderne Forschung, was Newman in den beiden hinreißenden Benedikt-Essays seiner Historischen Skizzen hundert Jahre zuvor gefunden hatte, als er feststellte, die benediktinische Bildung sei poetische Bildung gewesen.

Dem ist nichts hinzuzufügen, es sei denn der Hinweis, daß es auch in der Klosterschule alle Formen des Schulleids gab, weil es ja nicht an begriffsstutzigen Schülern fehlte, so wie es auch damals Lehrer gab, die ihre menschlichen Unzulänglichkeiten hatten. Um so ergreifender ist die Zerknirschung eines Lehrers wie Othlo von Regensburg, der uns seine Depression schildert, als er einmal einen Schüler mit harten Worten verletzt hatte; er überlegte, den Jungen aufzusuchen und sich vor ihm auf die Knie zu werfen, aber der junge Mann kam ihm zuvor und entschuldigte sich bei seinem Lehrer (P. Riché, 1979).

Wichtiger als alle gelegentliche Entgleisung ist die Gewissenhaftigkeit, mit der die Mönche darauf bedacht waren, dem Unterricht als tragendes Element und ständige Atmosphäre den Charakter der Vergnügtheit zu sichern. Dazu wußten sie sich verpflichtet durch die große Autorität des heiligen Augustinus, der in seiner Schrift über den Anfängerunterricht so großen Nachdruck auf die hilaritas docendi, auf die Heiterkeit des Lehrbetriebs, legte. Schon in seiner frühen Schrift De ordine hatte Augustin die Überzeugung vertreten, daß der Unterricht in den freien Künsten die Menschen vergnügter, standfester und eleganter mache (alacriores, perseverantiores, comptiores: 1,24). Von der schola laetabunda (der vergnügten Schülerschar) spricht Walahfrid in seinem Widmungsgedicht an Grimald. Dem heiligen Wolfgang von Regensburg bescheinigt sein Biograph: „Du warst deinem Volk immer heiter, immer aufgeräumt" (semper hilaris, serenus ... eras omni populo). Trithemius wird noch nach Jahrhunderten seinen Visitationsbericht über Fulda auf die Formel bringen: „Laeti tirones, laeti magistri, laetissimus rector" (vergnügte Rekruten, vergnügte Schulmeister, der vergnügteste war der Rektor). Um dem Unterricht die Atmosphäre der Heiterkeit zu sichern, erfand man das didaktische Mittel des Rätsels, also jenes Gesellschaftsspiel, bei dem die Schüler im Eifer des Wettbewerbs von selbst die immer drohende Langweiligkeit der Unterrichtsarbeit überwanden. Zu Alkuins Ruhm unter den Zeitgenossen gehörte es, daß er 101 Rätsel erfunden hatte. Zu alledem paßt es bestens, daß der Lehrer ludi magister hieß, Meister der Spielrunde. Hilaris, alacer, laetus, laetabundus, serenus – das sind die schmückenden Beiworte des Schulwesens jener Jahrhunderte; man kann als Zeitgenosse des gegenwärtigen Schulwesens und -unwesens nur vor Neid erblassen, wenn man von der Luft der heiteren Schule jener Epoche angeweht wird.

Der fröhliche Kampf um die Sprache war der fröhliche Kampf um die Menschwerdung des Menschen. Ich kann mir nicht versagen, auf die Skulptur der Grammatik im Paradies des Freiburger

Münsters aufmerksam zu machen. Die Grammatik führt dort die Skulpturenreihe der Sieben freien Künste an. Es ist der einzige Fall, daß in einem deutschen Münster die anderswo so häufige Thematik der *Artes* dargestellt wird, gemeint als Symbol für die Vermittlung zwischen der Welt des Mysteriums und dem Markt des Lebens. Bildung war einerseits als Vorhalle des Mysteriums und andererseits als dessen Entfaltung zur Welt hin gedacht. Diese Freiburger Grammatik hält zwar in ihrer Rechten die Rute, Sinnbild der Sprachzucht, aber ihr Blick ist zärtlich besorgt einem armen kleinen Stoffel zugewandt, der sich links und linkisch an ihr Gewand schmiegt, während sie ihn freundlich am Ohr zupft. Seine hilflos erhobene flehende Hand und sein dummes Gesicht bringen seine ganze Verlegenheit zum Ausdruck. Um vollends zu zeigen, wie es um ihn steht, ist er nackt dargestellt, das Gewand über dem linken Arm tragend, denn er versteht sich nicht darauf, seine armselige Blöße mit dem Gewand der Sprache zu schmükken. Zum Überfluß wird das Thema orchestriert durch die Krabbe zu seiner Seite, die eine verschlossene Blüte zeigt. Zur Rechten der Grammatik aber kauert ein kleines Mönchlein in anmutig fallendem Gewand, selig-selbstvergessen in seine Lektüre vertieft. Auf seinem strahlenden Gesichtchen liegt der Widerglanz des Gelesenen. Mit unübertrefflicher Meisterschaft vermochte der Künstler auszudrücken, wie begriffene Sprache etwas unendlich Gelöstes, Anmutiges, Freudiges aus einem Menschen zu machen vermag. Dem kleinen Mann ist die Welt der Sprache aufgegangen, folgerichtig gehört auch zu ihm eine Krabbe, aber diese zeigt eine voll erblühte Blume. Der Kleine stellt die hilaritas als den eigentlichen Bildungserfolg hinreißend dar. Er ist der unverkrampfte Mensch, der mit sich selbst im Einvernehmen ist, weil die Sprache ihn zivilisiert hat.

Hier haben wir die Illustration dessen vor Augen, was Newman die poetische Bildung der Benediktiner nennt. Newman legt Wert darauf, die benediktinische Bildung abzuheben von der dominikanischen, die er die wissenschaftliche Bildung nennt und von der Bildungsidee der Jesuiten in ihrer Ratio studiorum, die Newman als empirisch-rational kennzeichnet und von der Toffanin meint, sie lasse die Enzyklopädie Diderots vorausahnen.

III

Die Welt blieb nicht benediktinisch. Der Gang der Geschichte erzwang eine neue Bildungskonzeption. Der heilige Thomas wird in einer gewandelten geistigen Lage energisch erklären: „Die Sieben freien Künste genügen nicht, um eine Einteilung der theoretischen Philosophie abzugeben" (vgl. seine Feststellung, die Poetik sei die unterste aller Wissenschaften, Summa theologiae I, 9.1). Die neue Idee der Wissenschaft war zeitfällig, aber sie kostete ihren Preis. Schon der heilige Albert der Deutsche erntet in seinem pantagruelischen Wissensdrang (Gilson) den Spott eines Zeitgenossen für den schlechten Stil, den er schreibe. Der bärbeißige Franziskaner Roger Bacon glossiert die neue Richtung wie folgt: „Seit 44 Jahren sind in den Wissenschaften einige aufgestanden, die sich selbst zu Magistern und Doktoren der Theologie ernannt haben, obwohl sie nichts Wissenswertes gelernt haben. Es sind Knaben, die weder von sich selbst, noch von der Welt, noch von den gelehrten Sprachen – Griechisch und Hebräisch – etwas wissen. Das sind die Knaben der beiden Universitätsorden, wie Albert und Thomas und andere, die in vielen Fällen mit zwanzig Jahren und weniger in die Orden eintreten... Tausende treten ein, die weder die Psalmen noch den Donat lesen können..." An diesem nicht sehr zimperlichen Urteil ist das Aufschlußreichste nicht der Vorwurf, daß die Vertreter der neuen Bildung nicht mehr den Donat lesen können, jenes Lehr- und Musterbuch der poetischen Bildung, sondern die Behauptung, daß diese Männer weder sich selbst, noch die Welt, noch die Sprachen kennen. Denn diese dreifache Kenntnis zu vermitteln, war eben der tiefste Sinn der poetischen Bildung gewesen. Die folgenschwere Veränderung der Bildungsidee geht weiter. Im 17. Jahrhundert schildert Descartes, wie er sich unwillig von Sprachbildung und Eloquenzbildung abkehrte. Descartes ist ein großer Philosoph und ein geistiges Schicksal Europas, aber wer ihn in seinem Gehaben beobachtet, kann doch zuweilen das Schmunzeln nicht unterdrücken: Fürwahr, ein Mann der geglückten und vorbildlichen Lebensart ist er nicht. Im gleichen 17. Jahrhundert gab Comenius die verführerische Parole aus: „non verba sed res" (nicht Wörter sondern Sachen) und eröffnete damit eine Phase der Bildungsgeschichte, die durch den Glauben an die Realien gekennzeichnet bleibt bis zur berühmten Oberrealschulrede Kaiser Wilhelms II. Die bemerkenswerte Warnung des Giambatista Vico im 18. Jahrhundert: „Linguis ingenia, non linguas ingeniis" (den Geist durch die Sprachen bilden, nicht mittels des Geistes die Sprachen lernen), ist leider bildungsgeschichtlich wirkungslos geblieben. Unsere Zeit sodann machte sich in dem Zwiespalt zwischen Bildungswillen und gesellschaftlich geforderter Ausbildungsleistung ein gutes Gewissen mit der trügerischen Formel, die Arnold Gehlen fand, Bildung müsse sich jetzt in Ausbildung ereignen.

Soweit ist es mit uns gekommen. Zwar gibt es unter den Einsichtigen, die Reformer eingeschlossen, niemand, der nicht bestürzt wäre über den verzweifelten Zustand unseres Bildungswesens, aber niemand weiß Abhilfe. In dem schwanken Feld der pädagogischen Wissenschaft tritt von Zeit zu Zeit ein amerikanischer Neuerer auf, der weltweit alles auf den Kopf stellt, um dann am Abend seines Lebens öffentlich zu bekennen, daß alles ein Irrtum war. Was sich heute aber Sprachbildung nennt, macht sich den Spaß, Texte minderer Qualität als verkappte Herrschaftsinstrumente zu entlarven und damit eher Gespensterfurcht zu erzeugen als Bildung. Statt der Selbstfindung durch Sprache Beistand zu leisten und damit die Luft der hilaritas zu verbreiten, kultiviert Sprachbildung jetzt das große Mißtrauen. Die jüngste Erfindung der Bildungs- und Schulreform ist denn auch folgerichtig das Programm der Sprachentrümpelung. Damit ist der benediktinischen Bildungsidee der Garaus gemacht.

Jubiläen feiern heißt nach unserer Auffassung nicht, Sarkophage umstehen, sondern im Namen einer unübersehbaren großen geschichtlichen Leistung die Gegenwart zur Rede stellen. Was also heißt Sprachbildung unter gegenwärtigen Bedingungen? Sprachbildung beruht auf der Überzeugung, daß der Mensch sich selber gründet, sich selber findet, sich selber bildet nur an Sprache und an nichts sonst. Wenn der Mensch aber an der Sprache zu sich selber kommt, dann kann er alles andere, was zu lernen notwendig ist, auch die Welt der Mathematik, der Naturwissenschaften, der Sozialwissenschaften, der Realien aller Varianten, nur lernen, wenn er zuerst durch die Sprache zum Menschen erwacht ist.

Natürlich meint poetische Bildung nicht den Unsinn, daß man

eben Verse lesen und Verse schmieden lernen müsse, wohl aber meint Sprachbildung, daß die Seele des Menschen geöffnet wird in der Begegnung mit den großen Monumenten der Sprache. Indem der Mensch angerührt wird vom unbeschreibbaren Zauber der Dichtung, mit der sich die Musik und die Welt der Kunst zu gleichem Dienst verbinden, geht der Schimmer des Lichtes im jungen Menschen auf. Unterbleibt diese geheimnisvolle Erweckung, dann ist und bleibt er der finstere, garstige, unheitere Geselle, der mit sich nichts anzufangen weiß und der ein schwieriger Umgang ist. Die Sprache ist es, die den Menschen bildet, und da dieser Bildungsprozeß nie abgeschlossen ist, ist Sprache nicht nur die Voraussetzung all dessen, was sich curricular in der Schule tummelt,sondern das alle Fächer begleitende und ihre Ergebnisse erst in Bildung verwandelnde Prinzip.

In der modernen Situation werden Latein und Griechisch auf unabsehbare Zeit als lebendige Kräfte der Sprachbildung entfallen, wenn es sich dabei auch um einen Sachverhalt handelt, der wahrlich zum Weinen ist. Im altsprachlichen Unterricht der Schule ereignet sich sprachlich Erhebliches nicht mehr. Denn Latein oder Griechisch kann doch nicht, wer zur Not und ohne besondere Mühe einen lateinischen oder griechischen Satz „herausbringt", sondern nur wer nicht leben könnte, wenn er sich nicht regelmäßig zu seinen klassischen Autoren flüchten dürfte. So gespenstisch die Vorstellung ist, daß es auch in Zukunft Ausgaben altsprachlicher Klassiker geben wird, aber weit und breit niemanden, der sie lesen kann (von den paar verlassenen berufsmäßigen Altphilologen abgesehen), wir müssen uns damit abfinden, daß der Humanismus alter Art tot ist und nie wiederkehren wird, da es ja im Rat der Schulgestalter niemand mehr gibt, der für die alten Autoren streiten könnte, da es niemand gibt, der „ihres Geistes einen Hauch verspürt..." hätte. Aus demselben Grund übrigens könnte Englisch nur dann die lingua franca der Zukunft sein, wenn es mehr wäre als das internationale Verständigungsmittel unter den Fachleuten. Der nächste Satz unserer Bildungslehre heißt: Fremdsprachen lernt man hauptsächlich, um an ihnen zur Muttersprache zu erwachen. Das gilt wie gesagt auch für die alten Sprachen, die für uns leider verloren sind und für die wir verloren sind. Die römische Kirche hat mit der Verwerfung des Latein der Bildung ein schlechtes Beispiel gegeben, ein sehr unbenediktinisches, aber die Konsequenz daraus kann doch nur sein, daß man jetzt der Muttersprache anvertraut und abverlangt, was ehedem das Latein zu leisten hatte. Haben wir theologisch überhaupt schon darüber nachgedacht, welches Pensum die christliche Kirche als Kirche des Wortes, die sie ist, ihren Dienern und Kandidaten künftig im Deutschen aufzuerlegen hat? Jedenfalls mehr und besseres als was der Kaiser in einer Rede, die wesentlich aus sprachlichen Schiefheiten besteht, dem deutschen Aufsatz im Zusammenhang mit der Ablösung des lateinischen Abituraufsatzes angesonnen hat.

So sind wir zum Schluß mit der Frage konfrontiert: Entspringt die Behauptung von der Sprache als der elementaren Bildungsmacht nur privater Liebhaberei, weil nun eben einmal jedem Narren seine Kappe am besten gefällt? Oder ließe sich z. B. womöglich aus Biographien und Selbstzeugnissen großer Menschen nachweisen, daß diejenigen, die nicht nur durch Tüchtigkeit und Leistung bedeutend waren, sondern die zugleich die Wohlgelaunten und Heiteren, die Festfreudigen und Hochgesinnten, die Anmutigen und Aufgeräumten waren, an der Sprache zur Humanität erwachten? Gelänge dieser Nachweis, dann würde die sprachfeindliche Schule gewiß schleunigst in sich gehen. Übertriebene Hoffnungen soll man sich freilich nicht machen. Der Roboter, der Schwerenöter, der Finsterling, der Schlafmützige und Mißmutige bleibt uns so gewiß erhalten wie der Stoffel zu Füßen der Freiburger Grammatik.

Alles in allem müssen wir am Schluß fragen, ob es für die europäische Aufgabe der Zukunft eine aktuellere Gestalt gebe als den heiligen Benedikt, soweit wir unter der europäischen Frage mehr verstehen als Markt und Wirtschaft und Politik und Verteidigung, nämlich die Frage der Seele und der Bildung. Mag die Gestalt des heiligen Benedikt historisch eher verschwimmen als sich profilieren, mag die Ursprünglichkeit der Regula Benedicti strittig sein, die historische Leistung der Benediktiner ist ein Monument, was auf deutsch heißt, eine Mahnung. Auch den großen Benediktiner, der zum Schicksal der Deutschen wurde, den heiligen Bonifatius, sollten wir unter diesem Gesichtspunkt sehen. Pathetische Zeiten haben ihn als nordischen Sturm gesehen, wie das Bonifatius-Denkmal in Fulda, und sie haben sich begeistert für den Heiligen, der mit wuchtigen Axthieben die Donareiche in Geismar fällte. Uns ist wichtiger, daß er eine Grammatik schrieb, 37 Rätsel erfand und womöglich nicht mit einem frommen Buch, sondern mit den Etymologien des Isidor von Sevilla sich gegen die tödlichen Streiche der Friesen zu schützen versucht (so Karl Voßlers Vermutung). Aus demselben Grunde bleibt uns wichtig das kleine Mönchlein zu Füßen der Freiburger Grammatik, wobei wir den Gedanken nicht unterdrücken können, wie schön die Welt sein müßte, wenn der kleine Mann endgültig erwachsen würde mit dem Segen des Patrons Europas.

ERLÖSTE SCHÖPFUNG – DER SONNENGESANG DES HEILIGEN FRANZISKUS

(1181/82–1226)

Die Geschichte des modernen Naturgefühls beginnt mit dem heiligen Franziskus. Sein Sonnengesang ist das unvergleichliche Dokument der Entdeckung neuer innerer Kontinente. Gewiß, das Naturgefühl ging dann seine eigenen Wege, aber alle seine Künder setzen Franziskus voraus. Dante, Petrarca, Giordano Bruno, Goethe, Shelley, die Romantik, alle bis selbst zu Wilhelm Lehmann aus unseren Tagen, sind erst möglich nach Franziskus. Er lehrte die Menschheit, die Geschöpfe mit zarten Händen behutsam anzufassen, mit entzücktem Auge zu umfassen, ins liebende Herz einzubefassen.

Daß die klassische Antike kein Naturgefühl entwickelt hatte, ist ein Gemeinplatz. Diese umstrittene Feststellung könnte freilich irreführend sein für den, der sich in der Antike nicht auskennt. Schließlich bleiben von Homer, wenn alle Inhalte vergessen sind, allemal seine Naturbilder, ein Faktum übrigens, dessen Hintergrund nach Erklärung ruft. Ist darin nur das Übergewicht der sinnlichen Beeindruckbarkeit des Menschen wirksam, oder spricht sich hier womöglich die unaufhebbare Verfugtheit des Menschen in die Natur aus? Wie mit Homer ergeht es uns mit den anderen antiken Dichtern. Von Sappho bleibt das geheimnisvolle Nachleuchten der Bilder, Lichter und Farben. An Vergil beeindruckt uns immer neu seine Fähigkeit, Baum, Tier, Rind, Ziege, Pferd und selbst die Biene ganz von innen her zu erfassen. Mit einer Probe aus Anakreon aus dem 6. Jahrhundert vor Christus sind uns in dieser Sache nicht nur alle weiteren Worte erspart, wir lernen außerdem ein sehr „franziskanisches" Gedicht kennen, wie sich zeigen wird.

An die Zikade

Selig bist du, liebe Kleine,
die du auf der Bäume Zweigen,
von geringem Trank begeistert,
singend, wie ein König lebest!
Dir gehöret eigen alles,
was du auf den Feldern siehest,
alles, was die Stunden bringen;
lebest unter Ackersleuten,
ihre Freundin, unbeschädigt,
du, den Sterblichen Verehrte,
süßen Frühlings süßer Bote!...

(Übers. J. W. von Goethe)

Was heißt bei solchen Funden und Befunden, die Antike habe kein Naturgefühl gekannt? Gemeint ist, daß der antike Mensch in der Natur immer nur sich selber sieht[1] und daß die Natur ihm im letzten unvertraut und unnahbar bleibt. Immer behält sie ihr rätselhaftes Gesicht, immer ist sie Gaia, Demeter, Persephone, allenfalls Antaeus oder zumeist einfach Pan samt zottigen Genossen.

Aber auch der ägyptische Echnaton aus dem 14. Jahrhundert vor Christus, den man wohl nennen muß, weil er einen Sonnengesang schuf, eine der großartigsten Schöpfungen der religiösen Menschheitsliteratur, repräsentiert nicht eine franziskanische Erlebnisform, die den Dingen im Herzen des Menschen Heimat gibt, sondern ist ganz auf den Ton der Huldigung an die Sonne gestimmt.

Die Bibel dagegen sagt man, und sagt es mit Recht, unterscheide sich von der antiken Literatur gerade dadurch, daß sie den Blick für die Natur habe und öffne. Der Begriff der Schöpfung bewirkt, daß die Geschöpfe ihr Geheimnis preisgeben. Der biblische Mensch ist immer jener Adam, der den Wesen ihre Namen gibt, natürlich nur, weil er Einblick in sie hat.

Es ist nun üblich zu sagen, Franziskus habe seine Anregung aus

---

[1] Pauly – Wissowa, Bd. XVI, 1837 (1933.

dem Naturerleben der Bibel genommen[2]. Das Argument ist eigentlich gedankenlos, denn die Frage kann ja nicht ausbleiben, warum sich in zwölfhundert, genauer in zweitausend Jahren vor Franziskus nie ein Naturgefühl franziskanischen Typs an den Naturbildern der Bibel entzündet hat.

Man sollte außerdem etwas genauer zusehen, wie weit das Naturgefühl des heiligen Franziskus dem der Bibel wirklich verwandt ist. Der Gegenstand der alttestamentlichen Naturschilderungen ist vor allem das Große und Gewaltige der Natur, das Gewitter (Ps 29), die Brandung des Meeres (Ps 65; Ps 93), die Reiche der Natur und der Mensch als ihre Krönung (Ps 8; Ps 104). Das Weben und Wachsen, das Gären und Sprießen ist ein anderer beobachteter Naturaspekt (Ps 65; Ps 139). Das Pferd, wie Hiob es schildert (39, 19–25), ist in der ganzen Weltliteratur kein zweitesmal so genial geschaut, erschaut worden – wie überhaupt die großen und mächtigen Tiere vor allem ins Gesichtsfeld treten, die bekannten ebenso wie die unheimlichen Fabelwesen: Löwe, Schakal, Fuchs, Walfisch, Leviathan, Behemoth.

Andere Ausschnitte der Schöpfung sind es, die das Auge Jesu wahrnimmt, und es lohnt, sich das bewußt zu machen. In seinem Gesichtsfeld kommen vor: Brot, Wein, Wasser, Blume, Fisch, Vogel, der banale Sperling, die sanfte Taube, die kluge Schlange, das zarte Lamm. Liebreiz, Vollkommenheit, Duft und Flaum der Schöpfung betrachtet er und heißt sie uns betrachten. Die Sperlinge und sogar der Haarschopf des Menschen sind für ihn Offenbarungen der Fürsorge und des Liebesblicks Gottes auf seine Kreatur. So ist es nicht weiter verwunderlich, daß er eines Tages die Anemone gegen Salomon verteidigt. Wie wunderbar ist die Geschichte angelegt! Jesus läßt das schlichte Buschwindröschen vor unseren Augen aufblühen, es webt nicht, es spinnt nicht, es trägt nicht Stickereien und Bordüren. Es ist die Unscheinbarkeit selbst. Und dann läßt Jesus für einen Moment die Gestalt des Königs Salomon aufleuchten und stellt ihn neben die Anemone, Seite an Seite. Salomon, Inbegriff aller glitzernden orientalischen Pracht,

---

[2] Ivan Gobry, Franz von Assisi (rororo), Reinbek 1968, S. 74; Otto Karrer, Franz von Assisi, Legenden und Laude, Zürich [6]1975, S. 511. – Auf diese leicht zugängliche Ausgabe der wesentlichen Franziskusdokumente beziehen sich die Angaben im folgenden.

seit je die Phantasie der Menschen beschäftigend mit dem ungeheuren Aufwand, den er trieb, Salomon und Anemone konkurrieren. Aber plötzlich gibt es den Salomon gar nicht mehr, er ist ausgeschaltet und ausgelöscht vom Buschwindröschen. Keine der Jesuserzählungen läßt uns einen so unmittelbaren Blick in die Naturbetrachtung Jesu tun, wie die Geschichte von der Anemone und dem König Salomon –, schade, daß die moderne Exegese, die sich der Teilchenphysik der biblischen Texte verschrieben zu haben scheint, vor solchen Bildern stumm bleibt.

Für unsere momentane Fragestellung ist bemerkenswert, wie sehr der Blick des heiligen Franziskus auf die Natur dem Blick Jesu ähnelt, im berücksichtigten Bereich wie in der Betrachtungsweise. Das Winzige, Zarte, Verkannte erregt die zärtliche Aufmerksamkeit des heiligen Franziskus. Man könnte die Gegenstände seiner liebenden Zuwendung schlicht in einer Deminutivenreihe aufzählen: Lämmchen, Häschen, Heimchen, Würmchen, Käferchen, Hälmchen, Blümchen –: es sind die Miniaturen der Schöpfung, die ihn rühren. Niemand möge den Wolf von Gubbio dagegen ins Feld führen, denn ihn hat Franziskus entschieden in ein Wölfchen verwandelt. Dieser Franziskus ist der rätselhafte Mann, der eine Woche lang vom Zirpen eines Heimchens leben kann, wie aus folgender Erzählung des Thomas von Celano zu ersehen ist. „Neben der Zelle des Heiligen bei Portiuncula saß auf einem Feigenbaum ein Heimchen, das oft in seiner bekannten traulichen Weise sang. Der selige Vater streckte manchmal die Hand nach dem Tierchen aus und lockte es gütig an sich mit den Worten: ‚Schwester Grille, komm zu mir!' Und als ob es Vernunft hätte, kletterte das Tierchen auf die Hand, und er mahnte es: ‚Schwester Grille, sing jetzt und juble dem Herrn, deinem Schöpfer!' Ohne Verzug gehorchte die Grille und begann zu zirpen und hörte nicht auf, bis der Mann Gottes seinen Gesang mit dem ihren vereinte und ihr dann gebot, sie solle jetzt wieder an ihr gewohntes Plätzchen zurückkehren. Dort blieb sie wie angebunden acht Tage lang. Wenn der Heilige von seiner Zelle des Weges kam, nahm er sie in die Hand und befahl ihr zu singen. Und immer war sie beflissen, seiner Mahnung zu folgen."[3]

---

[3] Thomas von Celano, N. 10, Karrer, S. 104 f.

Die Zikade des Anakreon und das Heimchen des heiligen Franziskus bilden ein Diptychon über die Jahrhunderte hin. Aber auch die Nähe der Droste zu Franziskus ist zu auffällig, als daß man sie übersehen könnte. Beide fassen gerade das Kleine und Kleinste in den Blick. „Der Fliege zarte Füßchen" (Ein Sommertagstraum) oder „des schillernden Käfers Blitz/Wenn den Sonnenpfad er durcheilt" (Im Grase) könnten ebensogut vom heiligen Franziskus zum erstenmal wahrgenommen sein wie vom westfälischen Fräulein, ganz zu schweigen von dem Käfer, den die Dichterin vor dem Vogel, der ihn bedroht, in ihren Ärmel rettet (Die ächzende Kreatur).

Andererseits gibt es bei Franziskus, und gerade im Sonnengesang, auch Sonne, Mond und Sterne, und es gibt die vier Elemente, dichterisch unpedantisch und diskret über die Verse verteilt. Daß das Thema der vier Elemente (Erde, Feuer, Quellen, Luft und Wind) auch in der Prosa der Berichte vorkommt[4], ist eine Hilfe für die Auslegung des Sonnengesangs, wie dessen Deutung überhaupt von der Spiegelung der biographischen Dokumente im Gedicht profitiert, so daß wir nach der klassischen Auslegungsregel verfahren können: „Franziskus interpretiert sich selbst am besten." Das gilt nicht nur für die Motive, sondern sogar für die Redaktionsgeschichte. So erfahren wir aus dem Bericht von Bruder Leo und seinen Gefährten[5], daß die vorletzte, thematisch entlegene Strophe über die Friedensstifter von Franziskus später eingefügt wurde, als es ihm gelungen war, den Streit zwischen Bürgermeister und Bischof von Assisi zu schlichten. Die Todesstrophe, die so entscheidend beiträgt, dem Sonnengesang Tiefe und kontrastierende dunkle Melodie zu geben, hat Franziskus auf dem Sterbebett hinzugedichtet, nachdem Bruder Angelo und Bruder Leo dem Sterbenden auf seine Bitte hin den Sonnengesang vorgesungen hatten[6].

Vor allem aber stofflich macht es keine Schwierigkeit, den Sonnengesang aus den Worten und den Taten des Heiligen aufzubauen. Die Sonne spielte schon immer eine große Rolle bei Franziskus, ebenso das Feuer, das er offensichtlich mit der Sonne zu-

---

[4] Ebd., N. 9, Karrer, S. 102.

[5] Bruder Leo und Gefährten erzählen, N. 96, Karrer, S. 268.

[6] Ebd., N. 108, Karrer, S. 284.

sammensah[7]. Zum Motiv des Wassers ist folgender Bericht aufschlußreich: „Wenn er sich die Hände wusch, so wählte er stets einen Platz, wo das Wasser, wenn es herunterfiel, nicht unter die Füße der Menschen kam."[8]

Es würde keine Mühe machen, für alle Stichworte des Sonnengesangs Parallelen aus den Berichten zum Franziskusleben zu nennen, aber keine noch so vollkommene Materialsammlung erschließt uns den bewegenden Gedanken des Gedichts. Dieser versteckt sich vielmehr zunächst hinter einer leider gar nicht eindeutig bestimmbaren Präposition. Es handelt sich um das PER, zum Beispiel „laudato si, mi Signore, per sora luna e le stelle". Strophe um Strophe kehrt dieses PER wieder, förmlich den gedanklichen Refrain des Gedichtes bildend. Eine rasche Erörterung des Problems ist nicht zu umgehen. Am schnellsten käme man voran, wenn man davon ausgehen dürfte, daß das PER, von dem die Rede ist, synonym sei mit dem CUM im 2. Vers der 2. Strophe: „laudato si, mi Signore, *cum* tucte le Tue creature..." Aber wer entscheidet, wie das CUM seinerseits aufzufassen ist! „Gelobt seist du mit allen deinen Kreaturen" kann heißen: Du samt allen Kreaturen, und es kann heißen: von mir und allen deinen Kreaturen sollst du gelobt werden.

Für diesmal sollen nur drei mögliche Auffassungen des PER kurz skizziert werden. Die nächstliegende Annahme wäre, die Sätze als Passivsätze aufzufassen. Der Satz „der Mond soll dich loben" hieße passivisch „du sollst *durch* den Mond gelobt werden". So geht die Sache schnell auf, zu schnell. Denn abgesehen davon, daß die Präposition im Passivsatz zunächst DA und nicht PER heißt, scheint sich ein instrumentales PER nicht sonderlich zu eignen, weil – um es pointiert und vorausgreifend zu sagen – die Geschöpfe für Franziskus niemals Instrumente, bloße Werkzeuge, sein können. Instrumente könnten sie höchstens sein als Musikinstrumente, und diese Auffassung des PER (durch-hindurch) sollte man nicht von vornherein verwerfen. Warum soll nicht gemeint sein, das Lob soll durch die Kreatur hindurch erklingen, es soll die Kreatur durchtönen, der Lobgesang soll durch die Schöp-

[7] Ebd., N. 81 und 82 (Karrer, S. 251 f.), N. 97 und 98, Karrer, S. 270 f.
[8] Bruder Leo und Gefährten erzählen, N. 98, Karrer, S. 271.

fung orchestriert werden. Eine dritte Auffassung versteht das PER als „bei, um willen", was also hieße: gelobt seist du Herr um des Mondes willen, um der Sterne, des Windes und der Luft, um des Wassers und des Feuers willen. Es scheint, daß ein solches DURCH auch der deutschen Dichtung des Mittelalters nicht fremd ist. „frowe, dur iur güete/rucket ûf die hüete" heißt es etwa bei Walther von der Vogelweide in dem Gedicht „Nemt, frowe, disen kranz". Man darf sogar erwägen, ob dieses PER nicht eine bewußte oder unbewußte Abwandlung des „Per Christum Dominum nostrum" sein könnte, doch läßt sich dieses Verständnis weder ausschließen noch beweisen, so bedeutsam es wäre.

Unser bisheriges bescheidenes Ergebnis: Die Grammatik erschließt uns die Theologie des Sonnengesangs nicht. Vielleicht erschließt uns des heiligen Franziskus Theologie der Schöpfung die Grammatik des Sonnengesangs? In jedem Fall ist davon auszugehen, daß es sich bei Franziskus um Theologie im elementaren und eminenten Sinn handelt, wenn auch gewiß um eine vorwissenschaftliche oder überwissenschaftliche Theologie. Wenn also Anhänger des Naturschutzes oder des Tierschutzes Franziskus in Anspruch nehmen, dann hat das, so gut es gemeint ist, mit dem Denken des heiligen Franziskus nichts zu tun. Alle schwärmerische, alle pantheistische oder halbpantheistische Naturbegeisterung ist denkbar unfranziskanisch. Man darf nie vergessen, daß die Hand, die den Sonnengesang schrieb, die Hand eines Stigmatisierten war und man darf noch weniger vergessen, daß Franziskus in den Tagen, als er den Sonnengesang dichtete, schwer krank war[9], jedenfalls ausgemergelt und allenfalls Rekonvaleszent[10]. Was in solchen Zuständen normalerweise zuerst erlischt, ist die Begeisterung für die Natur.

Um negativ, nämlich mit Abgrenzungen fortzufahren: der neue Blick auf die Natur bei Franziskus hat auch nichts zu tun mit der anderen Neuentdeckung der Natur im gleichen 13. Jahrhundert, für die der Name des heiligen Thomas steht. Thomas hat den Naturbegriff zum höchsten Normbegriff der Vernunft für Individuum und Gesellschaft erhoben. Aber die Abkunft dieses Natur-

---

[9] Karrer, S. 246 (N. 76).
[10] Karrer, S. 511.

begriffs ist beim griechischen Logos der Wirklichkeit zu suchen und allenfalls biblisch in Weisheit 13 und dem dazu gehörigen Röm 1,20ff., während er nach vorne zu den großartigen Naturrechtsspekulationen der Salmantizenser und zum Ersten Vatikanischen Konzil führt. Für Franziskus trägt die Natur nicht die strengen Züge der Gesetzgeberin, sondern die liebenswerten Züge der Spielgefährtin: „fiat ludus, pereat mundus" (das Spiel ist wichtiger als der Bestand der Welt).

Um die Eigenart des franziskanischen Naturgefühls zu erfassen, müssen wir einen anderen Weg einschlagen. Wir werden zuerst die Elemente dieses Naturgefühls darstellen, um dann ihre theologische Deutung zu versuchen. Eine erste Beobachtung sagt, daß die Geschöpfe für Franziskus eine Quelle der Freude sind[11]. In der berühmten Unterweisung des Bruders Leo über die vollkommene Freude heißt es: „Bruder Leo, Lämmlein Gottes, könnte ein Minderbruder sogar mit Engelszungen reden und wüßte er der Sterne Lauf und der Kräuter Heilkraft und könnte die Schätze der Erde aufzeigen und durchschaute die Fähigkeiten und Eigenschaften der Vögel, Fische, Tiere, Menschen, Wurzeln, Bäume, Steine und Wasser – schreibe es wohl und merke es gut: auch darin liegt nicht die vollkommene Freude."[12] Nicht die vollkommene Freude, wohl aber Freude, die auf der Stufenleiter der Freuden höher steht als die Freude, Wunder wirken zu können, Tote zu erwecken, alle Sprachen, alle Wissenschaften, alle Bücher zu kennen, die Zukunft zu wissen und andern ins Herz zu sehen.

Ein zweites Element im Naturgefühl des heiligen Franziskus ist der Drang, das Schwache und Bedrohte zu schützen. Eine fast frauliche Zartheit gegenüber der Kreatur ist ein hervorstechender Zug des Heiligen, oft hervorgehoben in den Dokumenten seines Lebens[13]. Die Anweisung zur Fütterung der Bienen im Winter erinnert von Ferne an die entsprechenden Abschnitte im 4. Buch der *Georgica* Vergils, und dennoch ist das Grunderlebnis anders. Über das Verhältnis des heiligen Franziskus zu den Bienen erfahren wir: „Ihr hurtiges Treiben und ihre feine Kunst konnten ihn dermaßen

[11] Bruder Leo und Gefährten, N. 81, Karrer, S. 252.
[12] Fioretti, N. 8, Karrer, S. 363.
[13] Thomas von Celano, N. 8, Karrer, S. 99; Bruder Leo und Gefährten, N. 81, Karrer, S. 252, Bonaventura, Karrer, S. 310–317.

zum Lobpreis der Herrlichkeit Gottes begeistern, daß er nicht selten einen ganzen Tag nichts anders redete als ihr und der andern Geschöpfe Lob."[14]

Das dritte Element im Naturverhältnis des heiligen Franziskus ist seine unverwechselbar einmalige Empfindung der geschwisterlichen Verbundenheit mit aller Kreatur. Sie gibt gerade dem Sonnengesang sein Gepräge und seine Wirkung. Nur der Verstockteste könnte auf die Idee kommen, es handle sich dabei um die Redefigur der Personifizierung von Gegenständen. Thomas von Celano berichtet: „Er pflegte alle geschaffenen Wesen seine Geschwister zu nennen, und auf wundersame, andern verschlossene Weise fand er den Zugang in das Geheimnis der Dinge – ein Mensch, dem die herrliche ‚Freiheit der Kinder Gottes' gegeben war."[15] Die Empfindung der Geschwisterlichkeit[16] schließt innigste Zusammengehörigkeit, ja Verschmelzung mit aller Kreatur ein. Franziskus nimmt die Kreatur an sein Herz, nein, in sein Herz hinein. Als Sänger, als Troubadour singt er darum nicht eine einsame Melodie, vielmehr singt die Schöpfung mit. Sie ist Resonanzboden seiner eigenen Lobpreisung.

Das Erlebnis der geschwisterlichen Verbundenheit gibt dem Schöpfungserlebnis des heiligen Franziskus die persönlichste Note. Aber es zeigt immer noch erst die Gefühlsseite seines Erlebens an, noch nicht die Wirklichkeit jenseits der Subjektivität. Diese kommt zum Vorschein in dem vierten Element franziskanischer Schöpfungserfahrung, das in der eigentlichen religiösen Struktur des Heiligen wurzelt. Franziskus, der die Stigmata trägt – so sehr hatte er sich in Jesus und seine Passion hineingelebt –, ist in der innigsten Weise Christus verbunden. Was ihn daher an den Geschöpfen fesselt, ist ihre heimliche Christusdimension. Das Lamm[17], das Würmlein[18], die Blumen[19], der Fels[20], das Holz[21], das alles sind für Franziskus Christus-Chiffren. Die Ursprünglichkeit

[14] Thomas von Celano, N. 9, Karrer, S. 101.
[15] Thomas von Celano, N. 9, Karrer, S. 102.
[16] Acta SS.Oct II, 705.
[17] Karrer, S. 97f., 314ff.
[18] Karrer, S. 101.
[19] Karrer, S. 101. 272.
[20] Karrer, S. 271.
[21] Karrer, S. 271.

dieser Erfahrung wird gerade durch den Vergleich mit dem „Physiologus" deutlich (ob Franziskus ihn nun kannte oder nicht). Dort werden die Dinge der Schöpfung zwar auf Christus hin gedeutet, aber nichts ist zu spüren von der religiösen Erschütterung, die Franziskus bei der Wahrnehmung der Christuszeichen in der Schöpfung widerfuhr. Die theologische Bedeutung seiner Betrachtungsweise ist dem heiligen Bonaventura nicht entgangen: „Dabei umfaßte er jene (Wesen) mit besonderer Innigkeit, die ihm durch ihre natürliche Eigenschaft und die Symbolsprache der Bibel den Gedanken an den sanften Christus nahelegten."[22] Franziskus ist mit dieser Erlebnisform nur die Bestätigung dafür, daß eine Theologie der Schöpfung, wenn sie Joh 1; Kol 1; Hebr 1 ernst nimmt, damit rechnen kann, daß sie von den Geschöpfen her auf Christus stößt, wie umgekehrt eine Christologie, zumal aber eine gelebte tiefe persönliche Christusbeziehung von Christus her auf die Geschöpfe stoßen wird.

Vier Zugänge zum Geheimnis der Schöpfung glaubten wir unterscheiden zu können. Die Geschöpfe sind Freudenquelle, sie sind Gegenstand des Erbarmens, sie sind Bruder und Schwester, sie sind Christussymbole. Für keine dieser Erlebnisformen sind unmittelbare historische Anregungen zu erkennen. Alle sind als der Individualität des heiligen Franziskus unmittelbar entsprungen zu denken. Ihren Ausgang nehmen sie von der natürlichen Anlage des Heiligen, und doch wohl so, daß die natürliche Anlage von der übernatürlichen her überhöht und gesteigert wird. Aber wie ist das Ganze zu verstehen?

Der heilige Bonaventura, der Theologe des frühen Franziskanertums, gibt uns die entscheidende theologische Deutung der so auffälligen Phänomene, die den Sonnengesang erst ermöglichten und auslösten. „Mit einer bisher nicht gekannten Innerlichkeit erspürte er in allen Kreaturen gleichwie in ebenso vielen Quellbächlein die Urquelle des Guten. Die Kräfte und Wirkweisen, die Gott seinen Geschöpfen schenkte, wurden für ihn zu einer himmlischen Harmonie, in die er gleich einem anderen David mit seinem Lobpreis einstimmte."[23] Damit ist Franziskus in seinem Bezug zu

[22] Karrer, S. 314.
[23] Karrer, S. 318.

seinen Kreaturen theologisch gedeutet. Aber nicht nur Franziskus. Vom heiligen Benedikt wird erzählt, daß er eines Tages in seiner Turmzelle die ganze Welt in einen Sonnenstrahl zusammengedrängt sah. Giovanni von la Verna, religiös sensibelstes Mitglied der frühen Spiritualengruppe, wurde einmal des Nachts, „in so wunderbares Licht erhoben, daß er alle Kreaturen im Schöpfer sah, die irdischen und die himmlischen ... und dabei sah er und empfand er, wie alles den Schöpfer spiegelt"[24]. Vom heiligen Ignatius wird berichtet, daß er eines Tages nicht mehr die Bilder der Wirklichkeit sah, sondern die Wirklichkeit selbst. Die Kenntnis des Wesens der Dinge selbst wurde ihm geschenkt, und das alles in solcher Klarheit, daß ihm die Augen übergingen und ihm die ganze Welt verwandelt schien. – Wer erinnert sich nicht der unzähligen, hierher gehörigen Beispiele aus dem Leben der Heiligen, die Joseph Görres in seinen fünf Bänden „Christliche Mystik" vorgelegt hat.

Alle Phänomene dieser Art gehören in eine theologische Anthropologie hinein, die weit in die Väterzeit zurückreicht. Bonaventura selber bezeugt sie noch einmal, wenn er an einer anderen Stelle seiner Franziskusschrift zu der Frömmigkeitsform des Heiligen bemerkt: „als Wohlwollen zu allen Wesen ließ sie gewissermaßen den paradiesischen Urstand neu erstehen".[25] Wir lesen über eine solche Stelle allzu gern als über eine fromme Anmutung hinweg. Dabei kommt in diesem Text, wie angedeutet eine älteste theologische Tradition zum Vorschein, die niemand fesselnder wieder freigelegt hat als Anselm Stolz in seiner „Theologie der Mystik" (1936) mit dem Aufweis der patristischen These, daß dem Heiligen die Schöpfung wieder paradiesisch erbötig wird.

Aber was sollen wir heutigen Menschen mit diesem theologischen Aussagen anfangen, die wir, von der Schöpfung getrennt, immer mehr einer artifiziellen Welt ausgeliefert sind, ungegenständlich geworden in jedem Sinn, nicht nur in der Praxis aller modernen Künste. Es ist eine verzweifelt schwierige Frage, die sich uns damit stellt. Aber vielleicht ist der Zugang zur Schöpfung nicht nur vom

[24] Fioretti, N. 52, Karrer, S. 474.
[25] Karrer, S. 310.

Nahverkehr mit den Dingen, nicht nur von der Breite und Häufigkeit der sinnenhaften Kontakte abhängig. Vielleicht schlummern irgendwie die Wesen der Natur immer schon in uns – die Erklärung, daß die homerischen Bilder in uns haften – und sind dann grundsätzlich immer erweckbar. Das würde heißen, daß wir die Welt in uns selbst erschaffen, daß sie sich in uns erschafft. Dazu noch eine kurze hintersinnige Geschichte aus dem Franziskusleben: „Manchmal hob er von der Erde ein Holzscheit auf, legte es über den linken Arm, nahm mit der Rechten einen Stecken, der ihm zum Bogen diente, und strich damit über das Scheit, wie wenn er mit der Geige oder einem anderen Instrument spielte ... Zuletzt pflegten sich alle diese Lieder und Tänze in Tränen der Rührung aufzulösen, im Gedanken an Christus, und alles in ihm ward zu reiner Seligkeit. Er vergaß, was er in Händen hielt, und ward zum Himmel entrückt."[26]

Auch siebenhundertfünfzig Jahre nach seinem Tod gibt Franziskus keine Ruhe, wie man sieht. Sein Thema ist die Schöpfung, aber nicht sein erstes. Sein höchstes ist Jesus, dessen Stigmata er trägt. Sein zeitlich frühestes ist die Kirche und ihre Brüchigkeit. Aber die Frage nach Jesus Christus und die Frage nach der Kirche schließt die Frage nach der Schöpfung ein. Franziskus fragt uns sehr eindringlich, ob die Kirche eigentlich dazu da sei, den Refrain des garstigen politischen Liedes zu singen, und ob sie nicht zuerst dazu da ist, Jesus Christus zu verkünden und um Christi willen die Schöpfung in ihre Hut zu nehmen, da diese ja in ihm ihren Ursprung hat. Die Kirche darf sich nicht gnostisch von der Schöpfung lossagen, sie muß sie als christologische Chiffre erkennen und sie zum Lobgesang erwecken. Es ist nicht unvorstellbar, daß Franziskus, lebte er heute, den lebhaften Wunsch verspürte, einigen Unfug aus dieser Kirche auszufegen. Jeder mag darüber seine eigenen Vorstellungen haben. Abwegig wäre es nicht, in diesem Zusammenhang sich des folgenden Berichtes zu erinnern: „Er pflegte einen Besen bei sich zu tragen, um unsaubere Kirchen zu putzen. Denn es schmerzte ihn sehr, wenn er sah, daß eine Kirche nicht so rein war, wie er es wünschte."[27]

---

[26] Bruder Leo und Gefährten, N. 22, Karrer, S. 177 f.
[27] Bruder Leo und Gefährten, N. 8, Karrer, S. 163.

DANTES IDEE DES EWIGEN LEBENS[1]

(1265–1321)

Zum Thema Tod ist bei Dante nicht viel zu holen. Obwohl der Tod der Beatrice für ihn das aufwühlendste und umwälzendste Erlebnis geworden ist, wagt er es nicht, das Geheimnis des Todes zu reflektieren, geschweige denn, daß er mit dem Tod hadern würde, wie hundert Jahre später Johannes von Tepl im Ackermann von Böhmen. Für Dante ist der Tod von Gott verhängt und verordnet, der Tod des geliebten Menschen kann unsäglichen Schmerz bereiten, aber er ist schweigend hinzunehmen in der Kraft des Glaubens.

Um so beherrschender ist für Dantes Denken und Dichten die Idee des ewigen Lebens. Die Divina Commedia hat von Anfang bis Ende kein anderes Thema, denn auch Inferno und Purgatorio, nicht erst das Paradiso kreisen um die Frage des künftigen Daseins. Alle drei Gesänge dienen dem Zweck, dem Leser die Heilssorge dringlich zu machen.

I

Zum Thema des seligen Lebens in der Ewigkeit trägt Dante inhaltlich im Vergleich zur Kirchenlehre und zur Theologie seiner Zeit keine neuen Gedanken vor. Die grandiose Leistung Dantes liegt nicht im Feld der Doktrin, sondern in der künstlerischen Gestaltung einer religiösen Aussage, der gegenüber unser Verstand notwendig versagt. Die Umsetzung theologischer und dogmatischer Lehrsätze in Bilder, Symbole, Begegnungen, dramatisches Geschehen ist die Kraft des Dichters, der tote Formeln zum Leben zu erwecken vermag.

[1] Zitiert wird nach der Übersetzung von Karl Voßler.

Um Dantes Gedanken zu erschließen, müssen wir uns notgedrungen auf wenige Stellen der letzten Gesänge des Paradiso (P) beschränken, wobei freilich gelegentlich auch Stellen aus früheren Gesängen beizuziehen sind. Leider muß dabei die ästhetische Analyse, also das Kunstwerk als solches, zu kurz kommen.

Zunächst ist ein Wort zum Rahmen des Geschehens zu sagen. Die Seligen befinden sich alle in der Sphäre Gottes, aber sie begegnen dem Dichter auf einer Jenseitsreise gruppenweise in den einzelnen Himmeln. Es gibt im ptolemäischen Weltbild neun Himmel, Mondhimmel, Merkurhimmel, Venushimmel, Sonnenhimmel, Marshimmel, Jupiterhimmel, Saturnhimmel, Fixsternhimmel und (als 9. und letzter) der Kristallhimmel oder das Primum mobile. Diese Himmel legen sich wie konzentrische Schalen um die Erde. Das ganze kosmische System ist umgriffen vom Empyreum, der Feuer- und Lichtsphäre Gottes. Das Empyreum ist der Ort Gottes, aber die Vorstellung von Raum und Ort, ohne die unser Denken freilich nicht auskommt, muß sofort wieder zurückgenommen werden. P 27, 109 f.: „Dieser Himmel – der Kristallhimmel – hat kein anderes Wo, als den göttlichen Geist, in dem sich die Liebe entzündet, die ihn bewegt und die Kraft, die ihn durchtränkt." Die Seligen sind den einzelnen Himmeln typologisch zugeordnet, also etwa dem Venushimmel (8. Gesang) die großen Liebenden, dem Marshimmel (14.–17. Gesang) die großen Helden, insbesondere die Märtyrer, die den Kampf um den Glauben siegreich bestanden.

Auf seinem ganzen Weg wird Dante geführt von Beatrice, die die Verkörperung von Offenbarung, Glaube und Gnade ist: Nur der Glaube und die Gnade können zum Geheimnis Gottes und zur Gemeinschaft mit ihm vordringen.

So erklärt Beatrice bereits im 3. Paradisogesang dem Dichter, daß das himmlische Leben der volle Einklang mit dem Willen Gottes und darum die Erfüllung all unseres Sehnens ist: P 3, 67–87.

Der Lebensakt der Seligen ist die Anschauung Gottes, die hingerissene Versunkenheit in die Wahrheits-, Wert- und Liebesfülle des göttlichen Lebens. Im Akt der Anschauung Gottes erreicht der Mensch zugleich seine Wesenserfüllung, d. h. seine Freiheit.

II

So ist nun zu zeigen, wie dieses Thema im einzelnen umgesetzt wird in Anschauung und lebendiges Geschehen.

Beatrice wendet sich an Dante, als er alle Weltbereiche endgültig hinter sich gelassen hat: P 30,34–42: „Wir sind aus der umfassendsten Sphäre der Himmel herausgetreten zu dem Himmel, der reines Licht ist, geistiges Licht (luce intelletual), voll von Liebe, nämlich von Liebe zum wahren Guten, voll von Freudigkeit, einer Freudigkeit, die alle Süße übersteigt." Geistiges Licht, also nicht materielles Licht; dieses Licht ist zugleich Liebe, also sich verströmend und verschenkend, und diese Liebe ist wie alle Liebe wertbezogen (amor di vero ben). Zu diesem Licht und zu dieser Liebe gehört eine unermeßliche Freudigkeit, die alles übertrifft, was uns beglückt und was uns wohltut (trascende ogni dolzore). Licht – Liebe – Freude sind eine Einheit, sind höchste Lebensakte. Das Bezeichnende dieser unvergleichlichen Verse ist, daß sie zugleich eine Formel für das dreifaltige Leben Gottes sind: der Vater ist das Licht, das voll Liebe ist und aus der Macht der Liebe sein Gegenbild im Sohn zeugt, sich im Wort „ausspricht", wobei beide sich in einer wechselseitigen Innigkeit zugetan sind, aus der der Heilige Geist als das freudige Aufwallen dieser Liebe hervorgeht (ex Patre Filioque procedit).

Diese Entfaltung des Lichtsymbols zum dreifaltigen Leben Gottes begegnet wieder in den Versen 124–126 gegen Schluß des letzten Gesanges: „Oh ewiges Licht, das du in dir selber ruhst, das du allein dich selbst zu begreifen vermagst und von dir selbst erfaßt und dich selbst erfassend, dich liebst und dir zulächelst" (P 33,124–126). Das Licht ruht in sich selbst, d.h., es entspringt in sich selbst; es erfaßt sich selbst, eben weil Gott Geist ist und also in einem unendlichen Erkenntnisakt existiert, aus dem der Sohn hervorgeht mit der notwendigen Folge, daß Erkennender und Erkannter sich in seliger Liebe zugetan sind. Diese selige Liebe ist das Lächeln, in dem Vater und Sohn verbunden sind.

Von diesem Licht wird gesagt, daß es in sich selber wahr ist (P 33,52–54). Hier wird der Begriff des Lichtes mit dem Begriff der Wahrheit gleichgesetzt. Gott ist die „erste Wahrheit", wie es schon in 2,45 heißt. So entsteht die Begriffsreihe: Gott gleich

Licht gleich Wahrheit gleich absolutes Geistesleben. Der Begriff Licht umfaßt aber noch mehr. Das Licht, das die Wahrheit ist, ist zugleich Liebe, drängt also zum inneren Austausch, der sich wiederum in unendlicher Freudigkeit auswirkt.

III

Das Lichtwesen Gottes nun ist die Voraussetzung für das, was wir Anschauung Gottes nennen. Licht ist dem optischen Bereich zugeordnet, also ist die Berührung mit dem Licht ein Sehen. In die Lebensakte Gottes, in Wahrheit, Liebe, Freude ist der Mensch einbezogen als ein Schauender. „Mein Sehvermögen wurde geläutert und ich konnte mehr und mehr in den Strahl des hohen Lichtes, das die Wahrheit ist, eintreten", eindringen, vordringen (33, 52). In anderer Abwandlung lautet derselbe Gedanke in P 30, 100–102 folgendermaßen: „Es gibt ein Licht dort oben, das den Schöpfer sichtbar macht für das Geschöpf, das nur in seinem Anblick seinen Frieden findet."

Petrus Damiani im Saturnhimmel erläutert, wie die Anschauung Gottes zu denken ist: Die Sehkraft des Menschen wird von der Lichtnatur Gottes ergriffen und damit über sich selbst hinausgehoben. Darin erfährt der Mensch die Einheit von Licht, Sehkraft und Freude (21, 83–90). Daß mit dieser Sehkraft nicht das körperliche Auge, sondern das geistige Schauen gemeint ist, ist selbstverständlich.

Doch hier erhebt sich nun ein schwieriges Problem. Wie soll der Mensch dem Anblick Gottes gewachsen sein? Kaum eine andere Frage im Zusammenhang der Lehre von der Gottesanschauung beschäftigt Dante mehr als diese. Er weiß natürlich, was in Ex 33, 20 steht: „Keiner kann Gott sehen und leben bleiben." Und er weiß, daß Gott in einem Licht wohnt, „da niemand zukommen kann", wie Luther 1 Tim 6, 16 übersetzt. Beatrice erläutert Dante diese Unmöglichkeit, den Glanz Gottes zu ertragen mit dem Hinweis auf das Schicksal der Semele, die Zeus in seiner Herrlichkeit zu sehen verlangte und nach der Darstellung des Ovid an seinem Anblick zu Asche verbrannte (P 21, 4 ff.). Die natürliche geistige Sehkraft des Menschen vermöchte also den Anblick Gottes nicht zu ertragen, ohne zerstört zu werden. Daher muß diese Sehkraft zuerst von Gott vervollkommnet werden, dem Menschen muß sozusagen ein neues Auge eingesetzt werden, das die Theologen des Mittelalters als Glorienlicht bezeichnen. Denn Gott kann nur von Gott selbst erkannt werden, die Kreatur, Mensch wie Engel, muß dazu mit dem Glorienlicht ausgestattet werden, in das der Glaube durch die schöpferische Gnade Gottes im Himmel gesteigert und verwandelt wird. Davon sprach Petrus Damiani, wenn er sagte, daß das Gotteslicht sein eigenes Licht, d. h. sein natürliches Erkenntnisvermögen durchdringe und ihn über sich selbst hinaushebe – die Theologie nennt das die übernatürliche Erhöhung –, so daß er Gott das höchste Sein zu „sehen" vermöge.

Die Bereitung für die Gottesschau wird in der Dichtung Dantes durch das Beatrice-Symbol repräsentiert. Beatrice, an der Dante in jungen Jahren seine Erweckung zu sich selbst und zum Dichter erfahren hatte, wird in der Commedia zur Führerin des Dichters in die höchste Gotteserfahrung hinein. Denn hier, in der Commedia, ist sie die Figuration von Offenbarung und Gnade.

Die dichterische Fiktion der Commedia ist ja, daß Dante bei Lebzeiten durch eine außerordentliche Begnadung den Himmel betreten durfte, also auch für die Gottesschau zugerüstet werden mußte, wie die Seligen des Himmels selber. Durch das ganze Paradiso hindurch wird Dante in immer neuen Ansätzen, in immer höherem Maße für die Begegnung mit der Wirklichkeit Gottes bereitet. In den späten Gesängen, die uns hier beschäftigen, geschieht die letzte Steigerung dieser Schärfung seines inneren Sehvermögens. Den Dichter umbrandet ein lebendiges Licht, das wie ein Blitz ihn zunächst völlig blendet, bis er fühlt, wie er über sich selbst hinausgehoben wird und mit neuer Sehkraft ausgestattet ist (30, 43–60). An späterer Stelle wird er aufgefordert, von dem Licht aus dem Lichtsee zu trinken, worauf er die Bilder der Himmelsrose erst in ihrer wirklichen Gestalt erkennt: Der Fluß wird zum See, die Funken erweisen sich als Engel, die Blumen am Ufer als die Seligen (30, 100 ff. verglichen mit 31, 1 ff.).

Anschauung Gottes setzt also voraus, daß der Mensch ein neues Organ erhält, um das Lichtwesen Gottes zu erfassen. Dieses neue Organ ist die Steigerung und Erhöhung seines natürlichen Erkenntnisvermögens, das ja ebenfalls von der Qualität des Lichtes ist (vgl. die Begriffe „Lichtung" und „Daseinserhellung" in der Existenzphilosophie). Aber die Deutungen Dantes erschöpfen sich nicht in diesen Hinweisen sozusagen formaler Art. Ihm kommt es gerade darauf an, zu zeigen, worin der Akt der Gottesschau inhaltlich besteht, welche Prozesse, Zuständlichkeiten, Erfahrungen in der gottschauenden Seele sich daraus ergeben. Dantes Antwort lautet: Der Mensch erfährt Gott als Summe aller Wahrheit, als Inbegriff des Guten, d.h. als Fülle der Werte, als personale Liebe. Das alles zusammen schenkt ihm die höchste Stufe der Freiheit und intensiviert in ihm die Fähigkeit zur Kommunikation. Der Reflex dieser Einbeziehung in den Selbstvollzug des göttlichen Lebens ist ein tiefer Friede und ein überschwengliches Maß an Freude.

Dafür nun jeweils der Reihe nach einige Textbelege, wobei daran zu erinnern ist, daß neben den hier herausgegriffenen Stellen beliebig viele andere zu zitieren wären, denn die Entfaltung des Begriffes Seligkeit ist im ganzen Paradiso thematisch und ist deswegen im Zug der Dichtung allgegenwärtig.

1. Gottanschauung besagt höchste Erfahrung von Wahrheit, sie ist also ein intensivstes Erkenntnisleben, 4,124–126:

„Ich sehe wohl, daß unser Denken nimmer
sich sättigt, eh die Wahrheit ihm nicht leuchtet,
die eine, neben der nichts sonst noch wahr ist."

2. Wie unser Erkenntnisdrang, so findet auch unser Wertwille in der Gottanschauung seine höchste Erfüllung. Im schon zitierten Passus aus dem 3. Gesang heißt es (3,79–81):

„Ja, es gehört zu unserer Seligkeit,
daß Gottes Wille uns umschlossen hält,
in ihm sich unsre Sonderwünsche einen." –
In anderer Fassung findet sich der Gedanke in
P 20, 137–138.

3. Gottanschauung ist höchste Liebeserfüllung. Dafür diene die Einleitung des 5. Gesangs als Beleg mit der wichtigen These, daß die Liebe die Frucht der Anschauung Gottes ist, nicht umge-

kehrt. Dieser Gedanke ist Dante wichtig genug, um ihn noch einmal ausdrücklich zu erwähnen in P 28,109–111.

4. Intensivstes Erkenntnisleben, höchste Stufe der Werterfahrung, nie ermattende Liebe sind Ausdruck der Freiheit, wenn Freiheit verstanden wird als vollkommener Selbstbesitz in höchster Aktualisierung. Freiheit ist daher für Dante die höchste Berufung des Menschen: P 5,19–24. Freiheit bedeutet ihrem Begriff nach, daß alle Selbstentfremdung aufgehoben ist und daß der Selbstvollzug des personalen Lebens seine äußerste Möglichkeit erreicht hat. Daher der Dank des Dichters an Beatrice – also an die Gnade (P 31,85–87):

> „Du hast mich aus der Knechtschaft in die Freiheit
> auf allen Wegen und mit allen Mitteln
> gebracht, die du dazu verwenden konntest."

5. Freiheit ist nicht nur Selbstbesitz der Person, sie ist auch die Voraussetzung der Kommunikation, der Begegnungsfähigkeit, der freien Zuwendung zum Partner. Die Seligen des Himmels leben in der Gottanschauung nicht im Sinne ichverschlossener Einsamkeit, sie sind im Austausch miteinander. Dichterisch findet dieses Thema seine Darstellung in den Kollektivbildern des Marskreuzes, des Jupiteradlers, in den Reigen der Seligen, und in den Wechselreden unter den Heiligen selbst.

Der sozusagen affektive Reflex dieser höchsten Selbstverwirklichung in der höchsten Hingabe, die Gottanschauung heißt, sind Freude und Friede. Es ist vielleicht das genialste Element des Paradiso als Kunstwerk, daß es Dante gelingt, eine wunderbare Atmosphäre der Freudigkeit zu schaffen und immer neue Formen ihrer Äußerung zu erfinden. Seine Meisterschaft besteht darin, Freude nicht zu definieren, sondern Freude zu vergegenwärtigen. Der Friede ist eigentlich nur ein anderer Aspekt dieser tiefen Freudigkeit. Um dafür nur eine einzige, aber unvergleichliche Verszeile zu nennen: „In seinem Willen haben wir den Frieden" (P 3,85).

Um unser Ergebnis zusammenzufassen, sei noch einmal erinnert an P 30,40–42, wo die innere Einheit von Erkenntnis, Wertwille, Liebe, Freude in so unübertrefflicher Dichte und Schönheit mit einer einzigen Terzine ausgesagt wird.

Nur der Vollständigkeit halber und nur in Stichworten ist noch zu verweisen auf Dantes Lehre vom Auferstehungsleib, mit dem eine neue Steigerung der Seligkeit eintreten wird, wie der 14. Paradisogesang in den Versen 37–51 dartut, ebenso auf die Frage einer zwar allen Seligen geschenkten, aber je nach ihrem Reifegrad abgestuften Anschauung Gottes, wie der 4. Gesang in den Versen 28–63 entwickelt. Um den hierfür entscheidenden Gesichtspunkt bildlich auszudrücken: Ob es sich um ein großes oder ein kleines Gefäß handelt, ist es voll, dann ist es voll.

IV

Natürlich stellt sich nun die Frage, ob Dantes Idee des ewigen Lebens lediglich eine private Vorstellung eines genialen Dichters ist, oder ob sie Anspruch hat auf unser aufmerksames Interesse.

Wir stellten fest, daß Dante das Thema mit der Lichtmetapher entwickelt. Gott ist Licht, die Teilnahme an seinem innergöttlichen Leben ist ein Durchstrahltwerden von Gottes Licht. Das Paradiso hat in der souveränen, meisterlichen Durchführung der Lichtthematik in der Weltliteratur nicht seinesgleichen. Aber damit bewegt sich Dante durchaus streng und gewissenhaft im Begriffsfeld der Bibel. „Gott ist Licht" (1 Joh 1,5) ist nur die lapidarste Formel für eine ungezählte Male abgewandelte biblische Metapher für das Geheimnis Gottes, falls wir angesichts dieses Sachverhaltes überhaupt noch von Metapher oder Analogie sprechen dürfen. Für Dante ist Gottanschauung nichts anderes als ein gesteigertes Erkenntnisleben. Diese Aussage ist in vollem Einklang mit dem Wort Jesu über den innergöttlichen Lebensprozeß und seine Vermittlung an den Menschen: „Keiner kennt den Sohn als der Vater, und keiner kennt den Vater als der Sohn und wem der Sohn ihn offenbaren will" (Mt 11,27).

Für Dante – wie für die Bibel! – besteht das Wesen der Seligkeit also in einem Akt geistiger Schau. Uns ist geläufiger der Begriff des ewigen Lebens, aber es ist die Frage, ob wir den Begriff angemessen auffassen. Der Begriff des Lebens ist uns näher als der Begriff der Erkenntnis, weil wir den Satz des Aristoteles nicht mehr nachzuvollziehen vermögen: „Die Aktualität des Geistes ist ein Leben", ebensowenig wie wir den Satz des Thomas, mit dem er das Phänomen der Erkenntnis umschreibt in seiner Tragweite ermessen: „Die Seele ist gewissermaßen alles." Diese großen Wahrheiten sind uns verblaßt, seitdem wir in den Bann der geistfernen Lebensphilosophie geraten sind. Aber Dante ist, wie immer wieder zu betonen ist, der biblischen Sprache näher. Dazu nur noch ein paar Belege: Mt 5,8 heißt es: „Selig, die reinen Herzens sind (ein nicht trübes, sondern ein lauteres Herz ist gemeint), denn sie werden Gott schauen." 1 Kor 13,12 heißt es: „Wir sehen jetzt durch einen Spiegel in einem dunklen Wort; dann aber von Angesicht zu Angesicht. Jetzt erkenne ich's stückweise; dann aber werde ich erkennen, gleichwie ich erkannt bin." Das Bedeutsame dieser letztgenannten Stelle liegt darin, daß unser Erkennen Gottes das vorgängige Erkanntwerden durch Gott voraussetzt. Die gleiche Struktur weist der Begriff des Erkennens im Johannesevangelium auf. Auch dort wird die Wechselseitigkeit betont. Erkennen ist ein interpersonaler Vorgang, ist Begegnung und wechselseitige Selbsterschließung, ist ein wechselseitiges Innewerden. „Ich kenne die Meinen, und die Meinen kennen mich wie mich der Vater kennt und ich den Vater kenne" (Joh 10,14 f.). Im Johannesevangelium steht dann schließlich auch das Wort Jesu, das Dantes Vision des Paradiso so eindrucksvoll bestätigt: „Das ist das ewige Leben, daß sie dich erkennen, den einzigen und wahren Gott und den du gesandt hast, Jesus Christus" (Joh 17, 3). Dem entspricht die lapidare Aussage aus 1 Joh 3, 2: „Wir werden ihn sehen, wie er ist."

Ist Dantes Idee des ewigen Lebens nur ein Stück gewaltiger Poesie, ober behält sie ihre Bedeutung für den schüchternen Versuch des Glaubens, das Künftige zu denken? Aber wie sollen wir uns ewiges Leben denken, wenn wir überhaupt versuchen, es zu denken, orientiert am Wort der Bibel, wie sollen wir es uns denken, wenn nicht so wie Dante es uns beschreibt in der Freiheit des Dichters, der nicht der fatalen Notwendigkeit unterworfen ist, zu definieren, wo man nicht mehr definieren kann, der vielmehr in offenen Bildern und Symbolen von unendlicher Perspektive uns erste Ahnungen vermittelt, uns in den Zustand der Beglückung und Freudigkeit zu versetzen vermag, wie keine theologische oder dogmatische Formel es vermöchte! Dabei vergißt Dante keinen Augenblick, daß die jenseitige Welt sich der Beschreibung entzieht und daß die Sprache an diesem Thema notwendig scheitert. Davon ist im Paradiso sozusagen ununterbrochen die Rede. Aus den letzten Gesängen sei nur verwiesen auf 30,46 und 33,138–141. Alles ist nur „schattenhafte Vorrede der Wahrheit" wie es in 30,78 heißt. Der Dichter ist sich bewußt, daß Sprache an diesem Thema zerbricht. Was aber bleibt, ist das Bild von der Himmelsrose, dieses ätherische, lichte, duftende Bild als unübertreffliches Symbol, das uns selige Ewigkeit ahnen läßt.

Die Menschheit hat versucht, das künftige Dasein als Nirvana zu verstehen, sozusagen unter dem ausschließlichen Gesichtspunkt der Entlastung oder genauer der Auslöschung des Selbst statt dessen höchster Entfaltung. Sie hat sich das Jenseits als Schattenwelt des Hades voll inneren Grauens vorgestellt. Sie hat es nach Art Mohammeds zu denken versucht als derbe Genußwelt. Für Dante, der nichts tut, als in der Spur der Bibel bleibend, ihre Gedanken zu Ende zu denken und sie genial-schöpferisch in eine geistige Landschaft zu verwandeln, in der er die Heiligen und sich selbst und uns selbst anzusiedeln versucht, für Dante ist ewiges Leben reine Gnade Gottes und zugleich die tiefste Erfüllung unseres Wesens. Alles beginnt und alles endet mit dem Schauen. Man könnte sagen, die Daseinsauslegung von Goethes Türmerlied wird in die andere Welt verlegt.

Denn, das ist eine letzte unaufschiebbare Reflexion: Der Mensch ist nicht ein in sich ruhendes System, wie der Kristall, er ist ein intentionales Wesen, als solches schon durch seine Sinnesorganisation gekennzeichnet. Als Geist ist er Erkenntnis, Wille und Liebe, als erkennender ist er universale Offenheit, als wollender ist er zur Weltverwirklichung bestimmt, als liebender lebt er von der Partnerschaft mit dem Du. Wenn das die unvergängliche, wesensmäßige Struktur des Menschen ist, worin soll dann sein jenseitiges Leben bei Gott bestehen, vorausgesetzt wir glauben an ein solches, wenn nicht in der höchsten Form der Aktualisierung unseres Wesens und seiner Anlagen, Kräfte, Tendenzen, die in der Einbeziehung in den Lebensakt Gottes und dessen ewigen Selbstvollzug geschieht.

Und dieses Leben ist notwendig zu denken nicht nur als ein

ewiges, sondern als ein seliges, in einer Seligkeit, die wir nur zu ahnen vermögen, die uns aber lebendig wird in der Dichtung Dantes, z. B. in den ersten Versen des 27. Paradiso-Gesangs:

„Dem Vater, Sohn und Heiligen Geiste, Gloria"
ertönte es im ganzen Paradies
so lieblich, daß mich der Gesang berauschte.
Und was ich sah war wie ein einzig Lächeln
des Universums. Trunkenheit erfüllte,
durch Ohr und Auge dringend, mein Gemüt.
Unsagbar war der Jubel und die Freude,
ein ganzes Leben voller Lieb und Frieden,
ein sichrer Reichtum ohne Gier und Angst!

STAATSORDNUNG UND VÖLKERORDNUNG NACH NIKOLAUS VON KUES

(1401–1464)

Es gibt große Denker der Vergangenheit, die wie ragende Gebirge sind, zu denen wir bewundernd aufschauen, die aber stumm bleiben, wenn wir mit unseren akuten Nöten zu ihnen kommen. Und es gibt andere, nicht minder große Denker der Vergangenheit, die mit verblüffender Aktualität in unsere Situation hineinsprechen. Sie erinnern an das Bild des Allsehenden, das den Betrachter anblickt, wie immer er den Standort wechsle. Bekanntlich hat dieses Bildnis, geschaffen von Rogier van der Weyden, Nikolaus von Kues sehr beschäftigt und zu tiefen Spekulationen über das Gottesproblem angeregt[1]. Er selber gehört wie wenige zu den Denkern, die sich unmittelbar zu uns und zu unseren Problemen herwenden. Er ist der kühnste aller Ökumeniker und er ist der engagierte Anwalt der Völkerverständigung, also jener aktuellen Zeitaufgabe, zu der wir ihn hier zu befragen wünschen.

Die Frage der Völkerverständigung ist für Cusanus nur einer der Aspekte eines umfassenderen Problems, das ihn lebenslang wie kein anderes beschäftigt hat. Es geht um die Verhältnisbestimmung zwischen dem Einen und dem Vielen; dieses Problem ist sein eigentliches Thema. Es zieht sich durch sein ganzes literarisches Werk. Seine politische Theorie, von der hier die Rede sein wird, ist nur einer der Anwendungsfälle seiner philosophisch-theologischen Grundüberzeugung, die sich ausdrückt in den berühmt gewordenen Formeln vom „Ineinsfall der Widersprüche" und von der „Verflechtung der Gegensätze". Seine politischen Entwürfe stellen den Versuch dar, philosophische Einsichten in praktische Regeln umzudenken. Es geht um die Chance der Einheit in

[1] Ein Beleg zur Vorgeschichte des Motivs findet sich in der Legenda aurea des Jakobus von Vorago in dem Text „Von des Kreuzes Findung".

einer gespaltenen Welt, modern ausgedrückt um das Problem Pluralismus und Integration. Dabei sind für Nikolaus von Kues das ekklesiologische und das politische Problem aufs engste verbunden. Für ihn gibt es noch nicht die neuzeitliche Scheidung von Kirche und Staat, sondern immer noch die eine Christenheit, die Universalgesellschaft Kirche-Staat oder anders gesagt: das Kirche-Staat-Universum. Diese Universalgesellschaft steht unter einheitlichen Strukturnormen. Die Prinzipien der Organisation sind daher vom einen Bereich auf den andern übertragbar.

Noch ein anderer Hinweis ist vorauszuschicken. Der Gedanke der Völkergemeinschaft ist bei Cusanus nicht von vornherein im menschheitlichen Horizont im Sinne eines künftigen Weltstaates ausgearbeitet. Sein nächstes Thema ist die Ordnungsfrage des Reiches der Deutschen, also nicht das universale, sondern das hegemoniale, das Deutschland, die Stadt Rom, die Lombardei und Burgund umfaßt (De conc. cath. III, 3). Dieses deutsche Reich befindet sich im 15. Jahrhundert im Vergleich zu Frankreich und England in einem Zustand der Erschlaffung und des Niedergangs. Auf diesen Zustand hin entwickelt Nikolaus zunächst seine reformerischen Vorschläge. Freilich vergißt er dabei nie ganz die universalistische Perspektive und schon gar nicht den ethnologischen Gesamtüberblick. Für Cusanus ist der Kaiser „der Erste und der Herr der ganzen Welt, in dessen Gewalt alles liegt" (De conc. cath. III, 5). Die ethnologische Vielfalt der Welt anderseits ist ein Phänomen, das ihn ständig beschäftigt. Ihn interessieren die Völker in ihrer jeweiligen Volksindividualität. Er ist nicht an dem so verführerischen und so wirksamen Schema interessiert, das etwa bei dem Kölner Domherrn Alexander van Roes begegnet, wonach Gott die europäischen Völker mit besonderen Privilegien ausgestattet hat, indem er den Deutschen das imperium, den Italienern das sacerdotium, den Franzosen das studium anvertraute. Für Cusanus sind die Völker Wesenheiten, denen jeweils eine transzendentale Repräsentation entspricht in der Gestalt eines eigenen sie vor Gott repräsentierenden Engels (De pace fidei, Kap. 3 und 20). Der Gedanke der Völkerengel aus dem Danielbuch wird von ihm sehr präzis verstanden, denn von ihnen sagt er, daß sie den Nationen und Sprachen vorgesetzt sind. Aus dieser Formulierung geht hervor – und das ist sehr aufschlußreich –, daß für Nikolaus die Völker durch ihre Sprachen charakterisiert sind und nicht in erster Linie durch politische Faktoren[2]. Der Gedanke steht den Vorstellungen Montesquieus näher als dem nationalstaatlichen Denken, das in der Zeit des Cusanus im außerdeutschen Raum seinen Einfluß bereits so stark bemerkbar macht. Cusanus beschäftigen die Volkscharaktere in ihren jeweiligen Eigentümlichkeiten. Sie sind für ihn Schöpfungsgedanken Gottes – das eben bringt die Zuordnung von Volk und Engel zum Ausdruck – und als Schöpfungsgedanken Ausdruck der Vielfalt und Mannigfaltigkeit der geschaffenen Wirklichkeiten. Die Völker haben natürliche und unaufgebbare Rechte, die nicht politisch vergewaltigt werden dürfen und sich dennoch zu einer universalistischen Einheit verbinden müssen. Denn es gibt den „Spiritus universorum", den Geist der Universalität (De docta ignorantia II, 10), der in allem Geschaffenen tätig ist. Nationen sind Elemente der Verschiedenheit und der Besonderung, aber sie sind gleichzeitig angelegt auf Einheit; genauer gesagt, ihre Einheit ist vor ihrer Verschiedenheit: „Das Ganze (universum) geht als das Vollkommenste der Ordnung der Natur entsprechend allem voran, so daß jedes in jedem sein kann[3] (quodlibet in quolibet)" (ebd. II, 5). Auf das politische Problem angewandt heißt das, daß die Vielheit der Völker ohne Vergewaltigung ihrer Eigenart in eine Gesamtordnung zu integrieren ist, weil diese im Grunde der Vielheit jeweils schon vorausliegt. Die Ganzheit schaffen, ohne die Pluralität anzutasten, ist also die politische Aufgabe, denn „Ganzheit (universum) besagt Universalität, das heißt die Einheit des Pluralen" (ebd. II, 4).

Die Mittel, die der Verwirklichung dieses Zieles dienen, sind bezeichnet durch die cusanischen Grundworte Konsens und Repräsentation, die in einer fruchtbaren Spannung zu dem hierarchischen Prinzip stehen, das Cusanus bei seinem neuplatonischen Ausgangspunkt die unverrückbare Vorgegebenheit bedeutet. In der Gefolgschaft des Pseudo-Dionysius ist er ein Hierarchist, d. h., er geht aus von einer Stufen- und Rangordnung der Wertbereiche,

---

[2] Nikolaus von Kues, Von der allgemeinen Eintracht, hg. von K. G. Hugelmann, Stifterbibliothek 91 / 92. Bd. S. 97, 102.

[3] Diese These schließt die Annahme nominalistischer Vorstellungen bei Nikolaus von Kues aus, vgl. R. Haubst, in: MFCG 4 (1964) 274; s. auch H. Heimsoeth, Die sechs großen Themen der abendländischen Metaphysik, Stuttgart o. J., S. 184.

denen eine Stufen- und Rangordnung der Institutionen und Amtsträger entspricht.

Die Konsensforderung und der Repräsentationsgedanke sind eine Art Korrektiv zu dem strengen Hierarchieprinzip, so daß das gesellschaftliche Gefüge zur lebendigen Spannungseinheit wird. Es handelt sich darum, Herrschaftsformen nicht absolutistisch, sondern korporativ zu ordnen. Um was es mit diesem Korporationsprinzip geht, wird heutigem Denken verständlich, wenn wir an das Kollegiatsprinzip im Verhältnis Papst – Bischöfe denken oder an das Angebot des II. Vatikanischen Konzils, die Laienschaft an der Sendung der Kirche in Kooperation mit den Amtsträgern zu beteiligen.

Die Begriffe des Konsensus und der Repräsentation sind nun nicht etwa originale Schöpfungen des Cusanus. Sie sind die Stichworte der großen Diskussionen des Spätmittelalters; sie stehen auch hinter dem System des Konziliarismus, das damals eine so starke Faszination ausübte. Nikolaus ist ihnen spätestens begegnet während seiner Kirchenrechts-Studien in Padua. Der Konsensbegriff stammt aus dem justinianischen Recht, wo er in der berühmten Formel ausgedrückt wird: „ut quod omnes similiter tangit, ab omnibus comprobetur" (was alle betrifft, muß von allen gebilligt werden, Cod. Just. V, 59, 5 par. 3). Das Prinzip war aus dem Staatsrecht in das mittelalterliche Kirchenrecht übernommen worden in Konsequenz der nie in Zweifel gezogenen Einheit von Kirche und Staat. Die dialektische These des Cusanus heißt daher folgerichtig: „Der Herrscher empfängt seine Autorität einerseits durch die Gabe von Gott und andererseits durch die Wahl des Volkes, sowohl von oben wie von unten. Herrschaft kommt von Gott durch Menschen und Räte mittels freien Konsenses."[4]

Aber wie ist denn nun der Konsens herzustellen zwischen der Basis und den Leitungsorganen der Gesellschaft? Es kann sich nicht um einen nachträglichen Zustimmungsakt handeln, vollends nicht um eine stillschweigende Duldung. Schon der zitierte Fundamentalsatz des justinianischen Rechts macht deutlich, daß die Zustimmung vor der Inkraftsetzung einer Rechtsnorm erreicht werden muß, also während des Vorbereitungsprozesses der

---

[4] Bärmann, Cusanus und die Reichsform, in: MFCG 4 (1964) 85.

Gesetzgebungsakte. Das bedingt gemeinsame Beratungsprozesse zwischen den Exponenten der Basis und dem mit Gesetzgebungsbefugnis ausgestatteten Organ. Daß Cusanus solche Beratungsprozesse voraussetzt, sagt deutlich ein Text in De conc. cath. III, 25, wo erklärt wird, daß ein Gesetz Ausdruck des „Gemeinwillens" sei, „den reifliche und umfassende Beratungen zutage gebracht haben"[5].

Das Prinzip der Beteiligung aller Betroffenen (die der justinianische Satz dem Wortlaut nach fordert) ist freilich technisch gar nicht durchführbar. Um die unüberwindliche Schwierigkeit direkter Beteiligung aller ist nur herumzukommen, wenn man den indirekten Weg wählt, die mittelbare oder vermittelte Beteiligung, die praktikabel zu machen ist durch das Repräsentationssystem. Damit sind wir auf das zweite tragende Element der cusanischen politischen Theorie gestoßen. Das Repräsentationssystem basiert auf der Voraussetzung, daß die Gesamtheit durch eine zahlenmäßig kleinere Gruppe nicht nur ausreichend, sondern vollständig und erschöpfend legitim „vergegenwärtigt" und „dargestellt" (repraesentare) werden kann. Wenn es Repräsentation gibt, wird das Prinzip der Beteiligung in der Praxis durchführbar. Die repräsentierende Körperschaft ist sozusagen das verkürzte Modell des Ganzen, ein „compendium repraesentativum"[6]. Repräsentanten sind für Cusanus vor allem die Kurfürsten, aber auch die Partikularfürsten und „die Lenker und Meister großer Einungen" (universitatum magnarum rectores et magistri) (ebd.), in der Kirche die Kardinäle.

Die Repräsentanten „vertreten" also die Gesamtbevölkerung und bilden damit folgerichtig den „Rat" der dirigierenden Spitze (in Staat wie Kirche), d. h. sie sind das Organ, das durch Zustimmung die Eintracht (concordia) zwischen Basis und Spitze herstellt. Ein Text aus De conc. cath. III, 12 ist aufschlußreich: „Diese Räte sollen das Gemeinwohl derer, die sie repräsentieren, unablässig verteidigen, Ratschläge geben und das angemessene Mittelglied sein, durch welches der König regiert und auf seine Untertanen Einfluß nimmt, wie diese ihrerseits durch jene (Räte) auf den Herr-

[5] Hugelmann, a.a.O. S. 76 N. 469.
[6] De conc. cath. III, 25.

scher, wo es angemessen ist."[7] Die Beratungsprozesse sollen häufig und umfassend (III, 25), ja täglich (III, 12) stattfinden.

Im Grunde ist auch die moderne Demokratie über diese Elemente eines organisierten Gemeinwesens nicht hinausgekommen. So ist Cusanus mit seiner politischen Theorie überaus modern. Aber es wäre ein Irrtum anzunehmen, er sei durchaus originell mit seiner Konsens- und Repräsentationslehre. Die Quelle der Konsenslehre haben wir genannt, sie wird im Mittelalter auch schon vor Cusanus vertreten. Die Repräsentationskategorie in der Anwendung auf die Kardinäle stammt von Pierre d'Ailly[8].

Aber nicht auf diese Übernahmen zeitgenössischer Gedanken kommt es an, sondern auf ihre philosophische Vertiefung und auf die Energie, mit der Cusanus seine Theorien auf die gegebene kritische Lage des Reichs hin umgedacht und damit konkretisiert hat. Er gibt sich keiner Täuschung über die wahre Lage des Reiches hin. In bewegter und bewegender Klage schrieb er die Sätze nieder: „Eine tödliche Krankheit hat das deutsche Kaiserreich befallen. Bringt man ihm nicht sofort Hilfe durch ein wirksames Gegenmittel, so wird zweifellos der Tod die Folge sein. Dann wird man das Kaiserreich in Deutschland suchen und es dort nicht finden ... Wir selbst werden dann anderen Nationen untertan sein."[9] Cusanus wird sehr konkret. Er fordert eine Neuordnung des Gerichtswesens, des Steuerwesens und der Heeresordnung, vor allem Maßnahmen gegen das Fehdeunwesen. „Durch die niederträchtige Methode der Fehde vermeinen sie (die Edlen), ihre Ehre zu retten, und was sie nach Ansage der Fehde mit Gewalt aus irgendeinem erlogenen oder völlig nichtigen Grunde geraubt haben, das glauben sie offen oder heimlich ungestraft besitzen zu dürfen, selbst wenn es sich um Güter der Kirche oder der Geistlichen handelt. O diese anmaßende Frechheit, die allen Gesetzen und Rechten Hohn spricht."[10] Cusanus fordert ein allgemeines Gesetz, das Gewalttaten und Fehde unter strenge Strafe stellt. Um das Prinzip der Kor-

[7] De conc. cath. III, 12 (bei Hugelmann a.a.O. S. 73f. N. 378).
[8] Bärmann, in: MFCG 4 (1964) 84.
[9] De conc. cath. III, 32: Hugelmann, a.a.O. S. 79f. H. Conrad, Der Reichsgedanke bei Dante und Nikolaus von Kues, in: Dante, der Dichter des Abendlandes (Veröffentlichung der Katholischen Akademie Freiburg, N. 19), Karlsruhe 1969, S. 29.
[10] De conc. cath. III, 31 (Conrad, a.a.O. S. 30f.).

poration, also die Praxis von Konsens und Repräsentation wirksam werden zu lassen, schlägt er einen jährlichen Reichstag vor[11].

Seine Argumente und Reformvorschläge sind nicht ganz wirkungslos geblieben. In der Reichsreform des Wormser Reichstags von 1495 sind Beschlüsse gefaßt worden, die seine Reformgedanken widerspiegeln (der Ewige Landfriede, der Gemeine Pfennig, die Aufstellung eines Reichsheeres, die Schaffung des Reichskammergerichts, die jährliche Einberufung des Reichstags[12]).

So sind Nikolaus nicht nur die Prinzipien einer gesellschaftlichen Gesamtordnung geläufig, er denkt sie auch um auf die konkreten Imperative in einer konkreten Situation. Dabei beschäftigen ihn zwar zunächst nur die deutschen Verhältnisse. Das gedankliche System ist nicht ausgezogen bis zu den Problemen der Völkersolidarität und ihrer Organisationsaufgaben. Aber wenn er auch zunächst nur vom hegemonialen Reich handelt[13], so hat er doch seine universalistische Perspektive immer noch mitgedacht. Für ihn ist der Kaiser im Sinne altrömischer Vorstellungen immer noch der Herr der Welt[14] in Analogie zum Papst[15]. Insofern lebt in ihm noch die Kaiseridee Konrad II. (1024–1039) fort, deren Formel lautete: „Roma caput mundi regit orbis frena rotundi" (Rom, das Haupt der Welt, führt die Zügel des Erdenrundes). Die erwachende nationalstaatliche Tendenz hat diesem Anspruch von Frankreich her bekanntlich im Kreis um Philipp den Schönen die Parole entgegengesetzt: „Der König ist der Kaiser in seinem Königreich" (rex imperator in regno suo[16]).

Niemand hätte bessere Voraussetzungen gehabt, ein klares universales Programm einer solidarischen Gesamtordnung der Völker zu schreiben als Nikolaus von Kues. Er hatte die Vision der leitenden Prinzipien, er kannte ihre Verankerung jenseits bloßer politischer Zweckmäßigkeit und konkreter Konfliktslagen, er hatte vor allem ein Organ für die Volkscharaktere der einzelnen Nationen. Gewiß mußte dem 31jährigen Autor der Concordantia catholica

---

[11] De conc. cath. III, 32 (Hugelmann, a.a.O. S. 80f.).
[12] S. Conrad, a.a.O. 31.
[13] Conrad, a.a.O. S. 28; Bärmann, a.a.O. S. 77. 91. 99.
[14] De conc. cath. III, 1, 5, 6; (Hugelmann, a.a.O. S. 71; Bärmann, a.a.O. S. 90).
[15] De conc. cath. III, 1; (Hugelmann, a.a.O. S. 62).
[16] Bärmann, a.a.O. S. 76. 90.

die konkrete Erfahrung fremden Volkstums, abgesehen vom Italienerlebnis seiner Studienzeit, noch fehlen (obwohl auch hier schon hübsche Beobachtungen und Reflexionen zum Thema der Volksindividualitäten begegnen[17]). Eine erste breite Erfahrung fremden Volkstums brachte ihm die Reise nach Konstantinopel, die er als Abgeordneter der Baseler Konzilsminderheit 1437 antrat. Die Frage völkischer Eigenart ließ ihn nicht mehr los. Das Thema begegnet in De docta ignorantia (1440) sowie in De coniecturis (Mutmaßungen) und selbstverständlich in der Schrift „Über den Glaubensfrieden" (1453) und in der „Sichtung des Korans". In der Schrift „Über Mutmaßungen" gibt es Ausführungen, die – wir deuteten es schon an – überraschend an Montesquieu erinnern[18]. Die Fragestellung ist vorwiegend religionswissenschaftlich und religionspolitisch, aber gelegentlich auch ausgesprochen anthropologisch. Den Kueser beunruhigt die Beobachtung der Unterschiede nicht, für ihn sind sie nur Belege für ein alle Wirklichkeit durchwaltendes Gesetz der Verschiedenheit in der Einheit und der Einheit in der Verschiedenheit. Seine These, auf das konkrete Beispiel bezogen, lautet: „Der helle Deutsche und der dunkle Äthiopier sind gleicherweise Menschen."[19] In der Schrift über den Glaubensfrieden treten nacheinander die Vertreter von 17 Nationen auf, neben den europäischen Völkern auch Perser, Armenier, Chaldäer, Inder usw. Ehe sie sich völkisch differenzieren, sind sie geeint durch die Teilnahme an der Menschennatur und durch die dem Kardinal besonders wichtige ursprüngliche Orientierung auf Christus hin[20]. So ist ein Einheitsprinzip vorgegeben, aber die Differenzierung der Einheit gleichzeitig als notwendig erwiesen, denn: omnis concordia differentiarum est[21] (jede Eintracht ist eine Eintracht des Unterschiedenen). Alle Wesen und somit auch alle Völker sind dazu bestimmt, ihre Eigenart zur Entfaltung zu brin-

---

[17] De Gandillac, Das Problem der Völkerverständigung nach den theoretischen Grundsätzen und praktischen Vorschlägen des Kardinals Nikolaus von Kues, in: MFCG 4 (1964) 288f.

[18] De coniecturis II, 15 (Ausgabe Gabriel-Dupré II, S. 167ff.); vgl. De Candillac, a.a.O. S. 288f.

[19] Sermo 204 (zit. von De Candillac, a.a.O. S. 288f.).

[20] Vgl. R. Haubst, Die Christologie des Nikolaus von Kues, Freiburg 1956, bes. S. 200ff.

[21] De conc. cath. I, 1 (bei R. Haubst, in: MFCG 4 (1964) 265.

gen. Sie sollen das aber nicht tun, indem sie sich gegeneinander abschließen und verschanzen, sondern indem sie die große „allgemeine Eintracht" verwirklichen.

Die „ethnologische Neugier" des Cusanus steht natürlich auch ihrerseits in einem historischen Zusammenhang, den die Akademieausgabe von De pace fidei belegt (S. XXXV f.). Augustin nennt im Gottesstaat VIII, 9 z. B. Italiener, Inder, Perser, Chaldäer, Skythen, Gallier, Spanier. Ferner ist in dieser Ahnenschaft zu nennen Raimundus Lullus, den Cusanus eifrig las, aber auch die zu ihrer Zeit so aufregenden Berichte des Marco Polo sind ihm bekannt (ebd.). Auch Pierre D'Ailly wird zu nennen sein, aus dem nach A. v. Humboldt Kolumbus fast sein ganzes theoretisches Wissen schöpfte. Ethnologisches Wissen vermittelten außerdem die frühen Franziskanermissionare Pian dei Carpini und Johannes von Montecorvino. Ein Zeuge für die Bedeutung der Repräsentationsidee und der Kooperationsforderung ist nicht zuletzt Johannes Quidort (gest. 1306)[22]. Aber Cusanus geht es nicht um das Erlebnis der Vielfalt, sondern um die Ordnung der Vielfalt in der Einheit. Seine ökumenische Formel „una religio in rituum varietate" könnte man auf den politischen Bereich übertragen im Sinne von „unum imperium in nationum varietate". Denn hier erst recht würden die Organisationsprinzipien des Konsenses und der Repräsentation Geltung haben im Interesse einer Mitsprache und einer Repräsentation der Volksindividualitäten.

Die Einheit kann eine politische sein – und als Erbe und Anhänger des Reichsgedankens läßt Cusanus die politische Einigungsaufgabe nie ganz aus dem Auge. Sie kann aber auch dadurch verwirklicht werden, daß die Völker das Verbindende in ihren Überzeugungen ermitteln, sozusagen ihren weltanschaulichen Generalnenner suchen. Die Schrift über den Glaubensfrieden führt dieses Verfahren durch, indem aufgedeckt wird, daß in den weltanschaulich-religiösen Grundüberzeugungen aller Völker eine heimliche, methodischer Freilegung zugängliche Christussehnsucht steckt. In der Situation der säkularisierten modernen Welt hat dieser Ansatz an der religiösen Frage und der Versuch einer Reduktion weltan-

---

[22] F. Bleienstein, Johannes Quidort von Paris, in: Frankfurter Studien zur Wissenschaft von der Politik, Stuttgart 1969, S. 33. 37. 82 ff.

schaulicher Unterschiede auf eine verborgene Christusorientierung natürlich keine Aussicht auf allgemeine Zustimmung. Aber das Programm selbst, sein formaler und sein methodischer Gedanke bleiben aktuell. Sie wären etwa zu umschreiben als Technik der Reduktion von Ideologien. Wenn man sich wieder einmal die so beunruhigende Tatsache klar macht, daß die jetzige Welt in ideologische Blöcke gespalten ist und daß diese Spaltungen die ständige Gefahr politischer und militärischer Katastrophen bedeuten, dann wäre niemand nötiger und niemand hilfreicher als derjenige, der sich auf die Reduktion der Ideologien versteht. Toleranz im Sinne der Aufklärung tut's längst nicht mehr, denn sie ist nur das Stillhalteabkommen auf Zeit zwischen gegensätzlichen Weltanschauungen oder gar nur die skeptische Resignation. Cusanus geht es um mehr, nämlich um die Freilegung der verborgenen Übereinstimmungen jenseits der vordergründigen und verhärteten Voreingenommenheiten.

Der Satz, daß alle Einheit eine Einheit von Verschiedenheiten ist, ist eine ontologische These. Er ist aber auch Grundlage einer Konfliktslehre, wenn er für den Bereich des Gemeinschaftslebens konkretisiert wird. Antagonismen im Gemeinschafts- und im Völkerleben sind das Natürlichste von der Welt, aber Antagonismen bleiben auflösbar. Diese Sicht der Dinge ist revolutionär im Vergleich zu der überlieferten Vorstellung vom wechselseitigen Treueverhältnis zwischen Untertan und Herrscher, aber sie hat den Vorzug, realistisch zu sein. Historisch wurde sie freilich überdeckt durch die Obrigkeitslehren der Reformation und die Staatslehre des Absolutismus.

Die politische Einigung nach dem Korporationsmodell ist einer der Wege zur Völkerverständigung, die Entlarvung der Ideologien auf gemeinsame Überzeugungen hin ein anderer. Ein dritter Weg, den Cusanus vorschlägt, mag überraschen. Er besteht im Kulturaustausch und im Ausgleich des Zivilisationsgefälles. Es gibt eine Predigt vom Epiphaniefest 1454, gehalten in Brixen[23], die man mit Recht eine Lobrede auf die Zivilisation genannt hat[24]. Sie

[23] Auszüge z.B. bei Mohr-Eckert, Das Werk des Nicolaus Cusanus, Köln 1963, S. 98ff.
[24] De Gandillac, a.a.O. S. 285.

preist die freien und die mechanischen Künste als das große Geschenk, das den Menschen geworden ist. Ein Kulturoptimismus dieser Art zieht sich übrigens durch das ganze Werk des Cusanus, der von Gottes Quadrivium in der Schöpfung redet[25] und immer wieder auf Beispiele aus dem Bereich der mechanischen Künste zurückgreift[26]. Die Errungenschaften der angewandten Wissenschaften, heißt es am Schluß der „Versuche mit der Waage", sollten internationalisiert werden: „Mir scheint, daher, daß … bei den Großen anzuregen ist, daß sie dies in verschiedenen Ländern aufzeichnen und in eins zusammentragen, damit wir zu vielem uns Verborgenem leichter gelangen"[27]. Man könnte sagen, daß hier der Gedanke der UNESCO im Keime vorliegt, aber auch das Programm der Pastoralkonstitution des Vaticanum II, das den Kulturaustausch und die Verteilung kultureller Errungenschaften so nachdrücklich fordert (N. 60f.).

Cusanus beschrieb die Aufgabe, die uns heute gestellt ist, er sah den Weg, den wir mühsam zu gehen versuchen. Europarat, EWG, UNO sind Versuche, die Völker zusammenzuführen. Sie sind uneinheitlich motiviert, durch Interessen, durch Angst vor dem Untergang, durch romantische Sehnsüchte, aber nicht getragen durch letzte metaphysische Überzeugungen. Darin liegt ihre Schwäche im Vergleich zum cusanischen Programm. Für Nikolaus geht es wie für uns um die Spannungseinheit von Pluralismus und Integration, aber für ihn ist diese Einheit nicht eine Frage des Gleichgewichts, vollends nicht des Gleichgewichts des Schreckens, sondern die Auswirkung, die Darstellung, der handelnde Vollzug eines in der Seinsstruktur selbst angelegten Gesetzes. Die Schwierigkeit der modernen Welt ist wiederum die, daß man nicht an letzte philosophische Grundüberzeugungen appellieren kann, die über pragmatische Gesichtspunkte hinausführen würden. Darum hilft eine bloße Werbung für cusanisches Gedankengut nicht weiter. Aber je mehr philosophische Köpfe, soweit sie politisch Handelnden gehören oder zu ihnen den Zugang und außerdem das Ge-

---

[25] De doct. ign. II, 15; vgl. Über den Berryl, Kap. 37.

[26] Über den Berryl, Kap. 32; Der Laie über den Geist, Kap. 2 u. 13; Brief an Nikolaus Albergati, passim; vgl. Stichwort ars bei Gabriel-Dupré III, Register.

[27] Der Laie über Versuche mit der Waage, ed. Menzel-Rogner, S. 45; vgl. De Gandillac a.a.O. S. 289f.

schick der Vermittlung haben, sich in das cusanische System vertiefen, desto mehr vermag der große deutsche Denker des 15. Jahrhunderts uns zu ermutigen, uns Begründungen für unsere Ziele zu geben, die über nur psychologische und nur politische Argumente, die nie befriedigen und nie tragen, hinausführen.

Für ihn ist die *concordantia catholica,* die allgemeine Eintracht nicht nur ein schöner und begeisternder Gedanke, für ihn ist sie auch nicht nur die Voraussetzung des Überlebens unserer Welt. Für ihn ist sie die Vollzugsform eines metaphysisch und theologisch fundierten Friedensbegriffs. „Konkordanz ist die höchste Wahrheit selbst", wie gleich im ersten Kapitel des Buches von der allgemeinen Eintracht gesagt wird, wo auch hingewiesen wird auf die „unausdrückbare Konkordanz in dem dreieinen und einen Gott"[28]. Die „katholische Konkordanz" am Beginn seiner Laufbahn und der „Glaubensfriede", den er 20 Jahre später schrieb, sind Ableitungen aus seiner Theologie, seinem Gottesbegriff, seinem Schöpfungsbegriff, sie kommen aus dem innersten Kern seines Wesens und Denkens.

Das korporative System in Kirche und Gesellschaft sichert und sanktioniert die Autorität der Regierenden, aber es sichert zugleich die Freiheit der Regierten. Die Spannungen, die dieses System notwendig in sich trägt, sind nicht bedauerliche Mängel, sie sind vielmehr Ausdruck eines durchlaufenden Gesetzes aller Wirklichkeit, des Ineinsfalles der Gegensätze *(coincidentia oppositorum).* Diese Spannung sichert Ordnung und Freiheit zugleich. Die concordantia ist die Verwirklichung des Friedensprinzips. Der Friede und die Harmonie sind die Herzworte der ersten Schrift, die Nikolaus schrieb: De concordantia catholica. Man hat die beiden Worte ausgezählt und kam dabei auf mehr als hundert Stellen, wo sie wiederkehren. Sein Kampf gegen das Fehdeunwesen, seine Forderung, den Landfrieden rechtlich und politisch zu sichern, hat nichts zu tun mit polizeilichen Idealen von Ruhe und Ordnung, sondern mit dem Gottesbegriff. Denn Gott ist die „Einfaltung" des Friedens, die im verwirklichten Religionsfrieden und Landfrieden ihre „Ausfaltung" erfährt.

Ein anderes Beispiel für die metaphysische Verankerung der Ge-

---

[28] R. Haubst, in: MFCG 4 (1964) 265.

sellschaftsprinzipien ist der Begriff der Repräsentation. Wir sahen, daß er keine originale Schöpfung des Cusanus ist. Original ist aber die philosophische Vertiefung eines zunächst nur technisch gemeinten Begriffs. Im neuplatonisch bestimmten Denken des Cusanus ist die Gesamtwirklichkeit Bild und Spiegel Gottes. In deren Schichtung und Aufbau ist dieses Gesetz der Spiegelung und Abbildung noch einmal wirksam. Der Repräsentationsbegriff, den Cusanus im Sinn von Partizipation wie im Sinn von Delegation gebraucht[29], gewinnt eine überraschende Vertiefung dadurch, daß er nicht nur zweckbestimmt verstanden wird, als Abkürzung und Operationalisierbarkeit des Mitwirkungs- und Beteiligungsprinzips, sondern Erscheinungsform ontologischer Strukturgesetze wird. Die Wahrheit des Ganzen ist im einzelnen präsent, das Einzelne vermag also das Ganze zu repräsentieren[30].

Wir brechen ab. Wir kommen von weither, aus dem fernen 15. Jahrhundert. Aber wir haben es aufgesucht, weil uns die Probleme des 20. und 21. Jahrhunderts zusetzen. Tatsache ist, daß die Idee der Völkergemeinschaft unaufschiebbar geworden ist, leidige Tatsache ist, daß es nur matte Anläufe und nur müde Institutionen zu ihrer Verwirklichung gibt. Leben und Feuer, Wirkung und Erfolg wird der Gedanke der Völkergemeinschaft erst bekommen, wenn ein neuer Cusanus im Geist des Kardinals aus Kues den Gedanken vertieft und vitalisiert. Dazu bedarf es der Kraft des Denkens, des existentiellen Einsatzes, der politischen Entschlossenheit, aber auch jener fast zärtlichen Liebe zu der großen Idee, wie sie Cusanus erfüllte. Er glaubte an den Frieden, weil er überzeugt war, daß Gott ihn nach seinem eigenen göttlichen Wesensgesetz wolle und weil er die Verwirklichung des Friedens zugleich als die oberste Aufgabe aller religiösen und politischen Ordnungsversuche erkannt hatte. Diese Überzeugung hat ihm so schöne, gewichtige und innige Sätze diktiert wie den folgenden aus dem Anfang der Concordantia catholica, der unsere Besinnung beschließen soll: „Von dem einen Friedensfürsten strömt süße geistige Harmonie (dulcis concordantialis harmonia spiritualis) in alle ihm untergeordneten und in ihm geeinten Glieder, Rang um Rang und Reihe um Reihe, so daß der eine Gott alles in allem ist" (I, 1).

---

[29] Bärmann a.a.O. S. 87.

[30] W. Dupré, Die Idee einer neuen Logik bei Nikolaus v. Kues: MFCG (1964) 369.

THOMAS MORUS – HUMANIST UND MÄRTYRER

(1478–1535)

Wenn wir Thomas Morus als Repräsentanten der Renaissance betrachten wollen, tun wir gut, zuerst alles zu vergessen, was wir vom „Renaissancemenschen" wissen. Die herrschenden Vorstellungen von Renaissance sind immer noch von Jacob Burckhardt bestimmt. Sie haben schon manche Korrektur erfahren und werden noch manche erfahren; vor allem aber passen sie fast ausschließlich nur auf die italienische Renaissance. Außerdem müssen wir im Auge behalten, daß Thomas Morus noch auf weite Strecken ganz und gar ein mittelalterlicher Mensch ist, an dem die Formkräfte der Renaissance jedenfalls nicht auf ihrem Höhepunkt zu beobachten sind. Ferner ist nicht zu vergessen, daß More, so heißt er ohne die im Humanismus übliche Latinisierung, einer der größten Ironiker der Weltliteratur ist, und es ist immer etwas mißlich, einen Ironiker als Repräsentanten einer Epoche zu betrachten, da er doch in entscheidenden Fragen als ihr Gegenspieler auftritt. Endlich aber ist More ein Heiliger der Kirche, und das bedeutet, daß er in den profanen Kategorien der Geistesgeschichte nicht aufgehen kann. Denn ein Heiliger gehört einer anderen Ordnung an und wird noch von anderen Kräften geprägt als denen, die in der profanen Geschichte wirksam und sichtbar werden.

Was man heute Renaissance nennt, soll uns also mehr als Hintergrund dienen, von dem sich der heilige Thomas Morus abhebt und durch den sein Bild schärferes Relief erhält. Nur in diesem Sinne wollen wir uns daran erinnern, daß der Renaissancebegriff etwa so gefaßt wird: Rückkehr zu den Quellen, nämlich zur Antike, Entdeckung der Welt und des Menschen, der Welt im Sinne betonter Diesseitigkeit, des Menschen in dem Sinne, daß er sich jetzt erlebt in seiner herrscherlichen Stellung im Kosmos und in seiner Selbstherrlichkeit, herausgelöst also aus den festen religiösen und gesellschaftlichen Bindungen des mittelalterlichen Menschen.

Thomas More ist am 6. Februar 1478 geboren, wie nach langer Unklarheit die scharfsinnigen Überlegungen des Engländers R. W. Chambers jetzt als gesichert erwiesen haben. Offenbar entscheidende Anregung erhielt der junge Thomas im Hause des Kardinals Morton, dem er nach der Sitte der Zeit zur Erziehung übergeben worden war. Mit vierzehn Jahren kam er durch Mortons Vermittlung an die Universität Oxford, wo er durch die drei berühmten Humanisten Colet, Linacre und Grocyn die geistige Prägung erfuhr, die ihn zu einem der berühmtesten Humanisten machte. Später wurde er vom Schüler zum Freund dieser Männer, die unter dem Namen Oxford Reformers bekannt sind. Da er den Beruf seines Vaters, des Richters John More, ergreifen sollte, kam Thomas nach London, um sich dort der juristischen Fachausbildung zu widmen, da das Oxforder Institut nur der Ausbildung der Geistlichen diente.

Mit dem Übergang von Oxford nach London kam More aus dem Milieu eines armen und harten Studentenlebens in eine Atmosphäre aristokratischer Wohlhabenheit. Er war nun Schüler, aber bald ehrenvollerweise auch Lehrer an einer der Londoner Advokateninnungen. Schon in diese Zeit fällt die erste Begegnung mit Erasmus, aus der später eine der berühmtesten Freundschaften des Humanismus wurde. Beide zogen reichen Gewinn daraus, Erasmus aber zweifellos den menschlich reicheren. Mores Lebensweg war nun sozusagen klar vorgezeichnet, sollte man meinen. Tatsächlich aber durchlebte er Jahre schmerzlichen Ringens um den Sinn seines Lebens. Es bewegte ihn die Frage, ob er zum Leben eines Laien berufen sei oder ob Gott ihn für das Leben eines Ordensmannes bestimmt habe. Die Orden der Kartäuser und Franziskaner zogen ihn vor allem an. Er entschied sich dann doch für das Leben in der Welt, während alle seine Freunde, Erasmus, Colet, Grocyn und Linacre die Weihen hatten. Schon diese Entscheidung ist bezeichnend. Sie kündigt an, daß eine neue Epoche anbricht, die Epoche des christlichen Weltmenschen der Neuzeit. Im Jahre 1504, mit sechsundzwanzig Jahren also, wurde der junge More ins Parlament gewählt, „ein bartloser Jüngling", wie grimmig und erstaunt ein Gegner feststellte, als jener einen Gesetzesantrag zu Fall brachte, durch den dem König anläßlich der Verheiratung seiner Tochter ein Sonderzuschuß von 90000 Pfund bewilligt werden sollte.

Neben den juristischen Aufgaben seines Berufes hatte More aber seine humanistischen Liebhabereien nicht vergessen, und schon in diese Zeit fallen literarische Arbeiten, Dichterisches sowohl wie Prosa. So arbeitete er an der Übersetzung einer italienischen Biographie des Pico de Mirandola, jenes bezaubernden italienischen Humanisten, der der Renaissance symbolisch als der ewige Jüngling erschienen war und der dann plötzlich mit zweiunddreißig Jahren zu den Füßen Savonarolas die große Erschütterung seines Lebens erfuhr und bald danach fromm und bußfertig starb.

Im Jahre 1505 verheiratete sich More mit Jane Colt. Seine Bemühungen freilich, der jungen Frau die Bildungswelt der Literatur und der Kunst zu erschließen, haben diese mehr verdrossen als erfreut und fast der Verzweiflung nahe gebracht. Innerhalb der Jahre 1505 bis 1509 schenkte ihm seine Frau vier Kinder, als jüngstes den einzigen Sohn dieser Ehe. Zwischendurch war More an den Universitäten Paris und Löwen gewesen und Untersheriff von London, also Gerichts- und Verwaltungsbeamter, geworden. Inzwischen war Heinrich VII. im Jahre 1509 gestorben und sein junger Sohn Heinrich VIII. zur Herrschaft gekommen. Mores Gattin starb in jungen Jahren. Seiner Kinder wegen heiratete er nach kurzer Frist abermals, diesmal die Witwe Alice, die zehn Jahre älter war als er selber. 1515 wurde More vom König mit diplomatischem Auftrag nach Flandern geschickt. Der Aufenthalt zog sich hin und gab ihm reichlich Zeit und Gelegenheit, Beobachtungen zu sammeln, die ihn den Plan einer alsbald weltberühmten literarischen Publikation fassen ließen. Es entstand die Utopia. 1516 ließ er diesen berühmtesten aller Staatsromane, der eine ganze literarische Gattung vertritt, erscheinen, bemerkenswerterweise in demselben Jahr, in dem Machiavellis Buch vom Fürsten in endgültiger Fassung herauskam. Der König war längst auf More aufmerksam geworden und bemühte sich, ihn in seine Dienste zu ziehen. Damit begann Mores einzigartiger Aufstieg, aber auch die Periode der Leiden.

Von dem Hauswesen, wie More es zuerst in Bucklersburry und später in Chelsea führte, ist uns ein anschauliches Bild überliefert. Er hatte Freude an allem Lebendigen und hielt sich die seltensten Tiere: Affen, Füchse, Biber, Wiesel. Mit großer Aufmerksamkeit widmete er sich der Erziehung seiner Kinder. Sie alle, also auch die drei Töchter, wurden im Lateinischen, Griechischen, in Logik, Philosophie, Theologie und Astronomie unterrichtet. Er versammelte seine Hausgenossen täglich zu gemeinsamen Gottesdiensten, er selbst verbrachte nach Möglichkeit jeden Freitag ganz in Fasten und Gebet. Auch war er außerordentlich mildtätig. Er lud lieber die Armen an seinen Tisch als die Reichen. Bei den Mahlzeiten wurde aus gelehrten Büchern vorgelesen, und erst, wenn die daran sich anknüpfende Diskussion beendet war, durfte Mores Hausnarr, Master Henry Patenson, die Unterhaltung übernehmen. Es war wie eine humanistische Akademie im kleinen oder, wenn man will, ein kleines Utopia, dem More präsidierte. Holbeins berühmte Bilder vermitteln uns eine lebhafte Vorstellung vom Tun und Treiben in diesem Haus.

In des Königs Dienst stieg More binnen zwölf Jahren bis zum höchsten Amt im Staate auf, das der König zu vergeben hatte. Er wurde Unterschatzmeister, wurde Mitglied des persönlichen Rates des Königs, Kurator der Universitäten, Kanzler des Herzogtums von Lancaster und schließlich im Jahre 1529 Lordkanzler als Nachfolger des gestürzten Kardinals Wolsey. Drei Jahre bekleidete er dieses Amt als treuester Diener seines Königs, aber danach erwies sich der Konflikt als unvermeidlich. More wurde von Heinrich VIII. geopfert, wie so manche neben ihm und vor ihm. Der Konflikt entzündete sich an jener unerfreulichen Affäre mit Anne Boleyn, die der König seine „große Angelegenheit" zu nennen beliebte. Mit dieser Sache verquickte sich nach und nach das Problem der Sukzession und jene Revolution, durch die England von der allgemeinen Kirche losgerissen wurde. Durch Jahre hin betrieb Heinrich die Lösung seiner Ehe mit Katharina von Aragonien, um Anne Boleyns ehrgeizigen Plänen zu Willen sein zu können. Es beginnt die Zeit der Leiden Mores, aber es beginnt auch die Zeit, in der er zu überragender Größe emporwuchs. Inmitten von käuflichen Bischöfen, schmeichlerischen Hofleuten, grundsatzlosen Universitäten, verschüchterten Feiglingen blieb er der einzige, der klar sah und grundsatzfest blieb. Nur der Bischof und Kardinal John Fisher bewies eine ebenso tapfere Haltung. More widerstand dem König, zuerst in privaten Gesprächen, die wie zwischen Freunden verliefen, schließlich mit dem gewaltigen Protest seines Todes. Heinrich wußte damals: More gewinnen hieß England gewinnen. Zwar beteuerte er ihm oft, daß er sein Gewissen achte, aber das hinderte ihn nicht, seine so beliebten und wirksamen Mittel der Bestechung, der Gunsterweise und der Drohung auch gegen More auszuspielen. Aber More war ihm nicht gefügig. Er konnte nicht einer Ehescheidung zustimmen, die durch göttliches Recht verwehrt war. Er konnte also auch nicht die Gewaltlösung mitmachen, daß der König, als der Papst seine Zustimmung verweigerte, sich kurzerhand selbst zum Papst machte. Aber Heinrich bestand auf seinem Willen, und wenn er auch mit dieser seiner „großen Angelegenheit" nur bewies, daß er von dem Amt und Rang eines Königs keinen Schimmer hatte, so gelang es ihm doch, das ganze England sich gefügig zu machen. Aber er mußte alles versuchen, um auch More zu gewinnen. Also hoffte er, seinen Lordkanzler mürbe zu machen, wenn er ihn in den Tower warf. Aber auch jetzt verweigerte More mit steter Berufung auf sein Gewissen den Eid, wobei er betonte, daß er keinen richte oder verurteile, der geschworen habe. So war die Tragödie nicht aufzuhalten: am 2. Juni 1535 bestieg More das Schafott, ein Märtyrer seines Gewissens, der zwar sein Leben, aber nicht seinen inneren Adel einbüßte, gemäß seiner Prophezeiung, ein Mensch könne seinen Kopf verlieren, ohne weiteren Schaden zu nehmen.

Das Bild dieses Mannes, wie es sich in seinen Schriften, seiner geistigen Gestalt und seinem großen Sterben darstellt, ist nur aus seinen eigenen Voraussetzungen und in den geistesgeschichtlichen Zusammenhängen, in denen er steht, zu begreifen.

Durch seine Lehrer und seine Freunde steht More im Zusammenhang des englischen Lebens am Beginn des sechzehnten Jahrhunderts. Er gehörte dem Humanistenkreis von Oxford und London an, dessen Mitglieder mit dem Programm der neuen Wissenschaft (New learning) das Bewußtsein verbanden, eine neue Epoche des Geisteslebens ihrer Nation zu eröffnen. Das heißt nicht, daß der englische Humanismus alle alten Traditionen über Bord geworfen hätte, um ganz neu anzufangen. Vielmehr verschmilzt sich im englischen Humanismus altes Traditionsgut mit den Impulsen, die durch John Colet und andere von der Akademie zu Florenz nach England gekommen waren.

Die Beisteuer traditioneller Ideen des englischen Lebens zum Denken Mores wird vielleicht allzu oft vergessen. Jedenfalls dürften, wenn diese Zusammenhänge gesehen werden, Fehlurteile über die Utopia, wie sie noch heute zu hören sind, nicht mehr möglich sein. More steht in einer Tradition, in der das Wesen des Menschen vor allem mit Hilfe der Idee des Mikrokosmos gedeutet wird. Der Mensch ist eine Welt im kleinen, Abbild, Abriß, Wiederholung der großen Welt. Diese uralte Lehre hat seit den Pythagoreern über Aristoteles, die Stoa, das Mittelalter, die Romantik bis zu Max Scheler ihr zähes Leben bewahrt, und bereits die Väter hatten sie in die Theologie übernommen. In England hatte Beda Venerabilis am Anfang des Mittelalters diesen Begriff aufgenommen, und in der Dichtung der More voraufgehenden Epoche war das Motiv sehr beliebt. Noch im siebzehnten Jahrhundert arbeiten Philosophie, Theologie, Mathematik und Medizin einträchtig mit diesem Gedanken. Es ist deshalb sehr verständlich, daß die Humanisten des sechzehnten Jahrhunderts diese Menschenvorstellung mit besonderer Freude aufgriffen, da sie in ihrem Lande von alters her noch in Kraft und Ansehen stand, nun aber auf der Akademie von Florenz, von woher ja der Humanismus nach England kam, mit einem neuen Pathos vorgetragen wurde. Von Florenz aber sagt Pico de Mirandola, der Held des jungen More, daß dort der Begriff des Mikrokosmos „tritum in scholis verbum" (ein breitgetretener Schulbegriff) sei. Colet, Mores Freund und Lehrer, hat denn auch in seinen Vorlesungen über die Paulusbriefe emsigen Gebrauch von dieser Formel gemacht. Der Mensch die Zusammenfassung des Alls, dieser Gedanke kann nun das Ethos in typisch verschiedenen Formen beeinflussen. Marsilio Ficino, Colets Florentiner Lehrer, entwickelte daraus die Idee des Übermenschen, der mit Stolz und unerhörtem Selbstgefühl dieser seiner Stellung im Kosmos inne wird. Im englischen Humanismus indes antwortet der Mensch in einer anderen Haltung auf dieses Selbsterlebnis: hier wird gerade diese Vorstellung vom Menschen zu einem religiösen Antrieb, zu einem Quell der Anbetung.

Den Menschen so verstehen heißt seinem Geist den obersten Rang anweisen. Der Wille ist der Prinz, der im Mikrokosmos regiert, und die Vernunft ist die Beraterin, die ihm zur Seite steht – in diesem Bild wird oftmals der Inhalt des Gedankens nach seiner ethischen Seite ausgesagt. Hier liegen die Wurzeln für die hohe Schätzung, die die Vernunft bei diesen Denkern erfährt. Die Vernunft zeigt dem Menschen diesen seinen Rang, mit Hilfe der Vernunft deutet und meistert er den Makrokosmos. Diese Schätzung der Vernunft im Menschen zog übrigens die englischen Theologen auch so auffällig stark zu den griechischen Kirchenvätern, zu Athanasius zum Beispiel, weil in deren System der Logos der Zentralbegriff war. Dort im Raum des griechischen Denkens war ja auch durch Nemesios von Emessa der Mikrokosmosgedanke zum ersten Male zu einer systembildenden Idee in der christlichen Anthropologie geworden.

Welterkenntnis und Selbsterkenntnis stehen in einem wechselseitigen Verhältnis gegenseitiger Befruchtung, und beide zusammen geben ihrerseits wieder die Grundlage der Gotteserkenntnis ab. Für diese Selbsterkenntnis wurde im Laufe der Zeit ein eigener Begriff geschaffen, die Autologie, und so wurde später von einem Theologen axiomatisch formuliert: „Wer Theologie studieren will, muß zuerst Autologie studieren. Der Weg zu Gott führt über uns selbst." Die Ethik, die Pädagogik, die Sozialethik sind alle auf diesen Gedanken bezogen worden. Die Selbsterkenntnis klärt den Menschen über seine Situation auf und vermittelt ihm gleichzeitig das Idealbild des vollkommenen Menschen. In dem Falle der Sozialethik, die uns natürlich um Mores willen besonders interessant ist, nimmt der Gedanke diese Form an: der einzelne muß seine Beziehung zum Weltganzen erkennen, muß innewerden, wie seine persönliche Eigenart mit der Eigenart anderer zum Ganzen, zum Kosmos sich fügt. Das ist die Grundlage der Berufswahl.

Im Zusammenhang dieses Denkens muß die Utopia gesehen werden. Damit erledigen sich die willkürlichen Deutungen, die sich bis heute gehalten haben. Bald sah man in Mores Utopia ein kommunistisches Programmbuch, bald ein deistisch-aufklärerisches Denken, wieder andere glaubten More merkwürdige Inkonsequenzen vorwerfen zu müssen, weil er in der Utopia wesentliche christliche Lehren verleugne. In Wirklichkeit ist die Utopia das Buch von der gesellschaftlichen Ordnung, die der *Vernunft* entspricht. Freilich leitet immer eine leise ironische Nebenabsicht den Verfasser, nämlich dem christlichen England seiner Zeit zu zeigen, wie hoch in manchen Dingen die nur von der Vernunft geleiteten Utopier über einer Christenheit stehen, die ihrer Bestimmung nicht genügt. Es ist das Verdienst des More-Biographen Chambers, diese Utopiaauffassung erhärtet zu haben. Für uns aber handelt es sich darüber hinaus um die überzeitliche Bedeutung dieser Überzeugungen Mores. Es ist auf den ersten Blick klar, eine wie fundamental verschiedene Menschenauffassung hier vorliegt gegenüber der deutschen Reformation, wenn man sich an Luthers giftiges Wort von der Hure Vernunft erinnert. More hält sich demgegenüber fest an die überkommene abendländisch-christliche Tradition eines Vertrauens in die Vernunft und in das Fundierungsverhältnis, in dem sie zu Glaube und Offenbarung steht. Mit dem Argument, daß die Vernunft die Dienerin des Glaubens sei und nicht ihre Feindin, ist More literarisch gegen die deutsche Reformation in die Arena getreten. Noch die Briefe aus dem Gefängnis betonen diese Zuordnung von Vernunft und Glaube.

Gegen die immer wieder erneuerte Verdächtigung aber, More sei ein heimlicher Rationalist, genügt es, das Beispiel des Erasmus anzurufen, zu dem More in diesem Punkte den vollendeten Gegensatz darstellt. Erasmus ist von Dilthey als Vater des theologischen Rationalismus gekennzeichnet worden, und er ist es in der Tat. Die Philosophie Christi, für die er sich begeistert und die für ihn besagt, daß der Mensch mit den Waffen des Geistes gegen die Versuchungen der sichtbaren Welt kämpft und den Idealen der weltverachtenden Gelassenheit, der Milde, der Toleranz, des wahren Friedens, der allgemeinen Menschenliebe und der edlen Sehnsucht nach dem Höheren lebt, ist reiner platonisch-stoischer Rationalismus. Seine berühmte Anrufung „Heiliger Sokrates, bitte für uns!“ verrät, wie sehr ihm das Christliche nur schmückende Zutat zu den Idealen der Antike ist. Damit hat der Mann nichts zu tun, der seine Freitage in Bußübungen verbrachte und wie ein Kartäuser in der Welt lebte.

Der unglücklichste Versuch aber einer Deutung dieses Mannes und des von ihm vertretenen und in ihm wirkenden Menschenbildes ist doch der, ihm eine letzte innere Zwiespältigkeit nachzusagen. Diese Deutung sieht natürlich auf der einen Seite wohl das Vertrauen in die natürlichen Kräfte des Menschen, wofür die Utopia das unübersehbare Zeugnis ist, sie sieht aber auch auf der anderen Seite den Mann, der ein großer Asket und Büßer war und der sein härenes Bußhemd nie ablegte. Die scheinbare Unvereinbarkeit dieser inneren Spannung im Denken und Tun Mores verführt dann dazu, ihn der Zwiespältigkeit zu zeihen. Nun ist es zweifellos von vornherein eine mißliche Sache, einen Mann so gelösten Humors zwiespältig zu nennen. Die Lösung kann an einer einzigen aufschlußreichen Stelle der Utopia illustriert werden. Die Utopier sind nämlich Menschen, die körperliche Askese für unvernünftig halten und die darüber spotten; es gibt eine Askese, die sie den Gipfel der Torheit nennen: „Seinen Leib geißeln, sich für ein leeres Phantom der Tugend oder bloß deshalb aufopfern, weil man sich zum voraus an Duldungen gewöhnen will, denen man vielleicht niemals unterworfen sein wird, das ist ein Akt stumpfsinniger Torheit, feiger Grausamkeit gegen sich selbst und hochmütiger Undankbarkeit gegen die Natur; es heißt, die Wohltaten des Schöpfers, gleichsam als verschmähe man es, demselben irgendwie verbindlich zu sein, mit Füßen treten." Es ist ein kostbarer Gedanke, den Mann, der diese Sätze schrieb, sich vorzustellen, wie er sie, mit dem Bußgürtel unter seinem Gewand, niederschreibt! Von Zwiespältigkeit reden heißt voraussetzen, daß More dieser Kontrast nicht zum Bewußtsein gekommen sei. Natürlich war er sich über ihn im klaren. Aber im klaren eben in dem Sinn, daß er wohl wußte: ein anderes ist ein von der Vernunft allein bestimmtes Menschentum, ein anderes das vom Glauben her verstandene. Als Gläubiger wußte er, daß die superbia (im alten Sinne des Wortes), die Hoffart, „Haupt und Ursprung alles Übels" sei – und er wußte also auch, daß ihr schlechterdings nicht begegnet werden kann mit den Mitteln der Selbstbeherrschung, der vernünftigen Überlegung oder mit irgendwelchen anderen ethischen Kräften. Die Ermahnung, die er für die Seinigen bereit hielt, wenn sie krank waren oder Kummer hatten, lautet: „Wir dürfen nicht auf unser Vergnügen sehen, um in Federbetten zum Himmel zu gehen. Das ist nicht der Weg. Denn unser Herr selbst ging dorthin unter großer Qual und vieler Bedrängnis: das war der Weg, auf dem er dorthin geschritten ist; der Diener darf nämlich nicht erwarten, daß es ihm besser ergehe als seinem Herrn." Nun denn: der Diener darf nicht erwarten, daß es ihm besser ergehe als dem Herrn, das ist wörtlich die Bibel (Mt 10, 24 f.), einer der entscheidenden Jüngersprüche Jesu, dieselbe Forderung, die an einer anderen Stelle des Neuen Testamentes in der erstaunlichen Formulierung vorkommt: „Wer mir nachfolgen will, nehme täglich sein Kreuz auf sich!" (Lk 9, 24). Nur weil More davon durchdrungen war, konnte er so sterben, wie er starb. Das alles aber setzt nicht die Gesetze außer Geltung, die das Leben von Utopia regeln: auch im Gefängnis noch befragt More die Vernunft wie den Glauben!

Weder also hat More etwas zu tun mit dem Optimismus der rein rationalistischen Renaissance und ihrem Glauben an die „Menschenwürde", den das Abendland dann in immer wirkungsloserer Form bis in die Aufklärung hinein ständig wiederholt hat, noch hat er etwas zu tun mit dem Pessimismus der deutschen Reformation, die den Menschen für hoffnungslos böse hielt und nur mit dem verzweifelten Sprung des Glaubens sich zu helfen wußte, noch auch mit dem zynischen Pessimismus Machiavellis, der jeden Staatsmann die Menschenverachtung lehrt mit seinem berühmt gewordenen Wort: „Wer immer daran geht, einen Staat aufzubauen, muß notwendigerweise annehmen, daß der Mensch böse ist."

Diese pessimistischen Anthropologien sind dadurch gekennzeichnet, daß sie keine echte Lösung des Verhältnisses Individuum-Gemeinschaft mehr finden. Entweder sie enden im Individualismus wie Luthers Lehre, die Ausdruck und Ursache zugleich des neuzeitlichen Individualismus ist und nur noch den einzelnen und seinen Gott kennt, die Christus als Seelenheiland der privaten Innerlichkeit mißversteht, die nicht mehr die Kraft hatte, Kirche zu bauen, geschweige denn die Welt vor ihr Forum zu ziehen. Oder der anthropologische Pessimismus endet in der Kollektivierung des Menschen, wie Machiavell sie vorbereitet, indem er kurzen Prozeß macht mit den Menschen und sie einfach zu Herden treibt.

More hütet noch die Tradition der klassischen Bestimmung des Verhältnisses von Individuum und Gemeinschaft. Darin ist er ein mittelalterlicher Mensch geblieben. Sicher hat er die Aussagen der mittelalterlichen Sozialmetaphysik nicht abermals zu neuer zündender Aussage gebracht, aber er hat sie tatsächlich bewahrt, wahrscheinlich auch dank der oben erwähnten starken sozialpädagogischen Anregungen, die das England seiner Zeit aus dem Mikrokosmosgedanken erfahren hatte. Offensichtlich reichte diese Defensive nicht aus, um das Heraufkommen des autarken individualistischen Menschen der Neuzeit zu verhindern und um neue Ordnung in die Beziehung der Menschen zu bringen. Aber More selbst ist von der Utopia bis aufs Schafott für die gemeinsame Sache eingetreten, gegen die private Bequemlichkeit des einzelnen Menschen, selbst des einzelnen Königreiches. Als er seinen König gegen die Angriffe Luthers zu verteidigen hatte, stützte er sich fast ausschließlich auf das Argument: „Wie kann ein einzelner Neuerer sich anmaßen, gegen die uralt-geheiligten Autoritäten der Kirche anzugehen?" Sein Kampf gegen Tyndale, einen zuchtlosen Neuerer, wird zweifellos vor allem aus seiner Abneigung gegen verantwortungslose Individuen gespeist. Er verübelte dem Tyndale seine unguten Manöver mit der von ihm geschaffenen Übersetzung der Heiligen Schrift, weil es ihm in tiefster Seele zuwider war, daß „jeder unwissende Junge" über die Bibel kannegießere. Sein Verantwortungsbewußtsein für die Einheit der Welt und der menschlichen Dinge ist noch das des großen Mittelalters. Einmal ging er mit seinem Schwiegersohn Roper an der Themse entlang, und dabei sagte er zu diesem: „Bei unserm Herrn, Sohn Roper: unter der Bedingung, daß drei Dinge in der Christenheit wohl geordnet wären, wollte ich mich in einen Sack stecken und gleich hier in die Themse werfen lassen... Das erste ist, daß der größte Teil der christlichen Fürsten, statt in tödlichem Kriege zu stehen, sich in einem allgemeinen Frieden vereinigte. Das zweite, daß die Kirche Christi, die in diesem Augenblick von vielen Irrtümern und Häresien arg bedrängt ist, sich einer vollkommenen religiösen Einheit erfreute. Das dritte, daß des Königs Eheangelegenheit, die jetzt zur Sprache gekommen ist, zur Ehre Gottes und zum Frieden aller Parteien zu einem guten Ende gebracht würde."

More hat das Recht und die Überordnung der Gemeinschaft in konservativster Form gelehrt. Das ist im Auge zu behalten, wenn wir gleich davon zu reden haben, wie er einen einzigen Fall kennt, in dem er sich genötigt sieht, sich dem Anspruch der Obrigkeit zu widersetzen: den einzigen Fall, in dem die Obrigkeit ihre eigenen Befugnis überschreitet und die Oberhoheit verlangt in Fragen, zu deren Ordnung sie nicht bestellt ist. Das Heil der Seele ist der oberste Wert und der oberste Gesichtspunkt, und wo es in Gefahr gerät, hört die Gehorsamspflicht auf. Es ist der Fall, den die Apostelgeschichte mit jenem Wort gelöst hat, das die *Magna Charta libertatis* des Christenmenschen ist: man muß Gott mehr gehorchen als den Menschen (5,29). Diese Wahrheit zu illustrieren ist der Sinn der letzten Jahre Mores, seines Weges durch den Tower aufs Schafott. Diesen Kampf Mores muß man auf dem Hintergrund eines Wortes Machiavells sehen, der in einer der frivolsten Äußerungen, die im christlichen Abendland je gefallen sind, sagte, daß er den Staat mehr liebe als seine eigene Seele. Schon in der Utopia wird festgehalten, daß ein menschliches Gebot niemals über ein göttliches Gebot gestellt werden dürfe. Mores Grundsätze in dieser Frage waren sich gleich geblieben sein Leben lang. Es sind einige Szenen aus seinem Leben bekannt, die das wunderbar beleuchten. Einmal schickte der König zu ihm, als er eben beim Gottesdienst war: sagt dem König, daß ich beim König bin, war seine Antwort, und Heinrich ließ sie gelten. Einmal nahm ihn der Herzog von Norfolk zur Seite und gab ihm zu bedenken, ob es dem König nicht mißfallen werde, daß er, der Lordkanzler, beim Gottesdienst in seiner Pfarrkirche im Chorrock sich aktiv beteilige. More gab erstaunt zur Antwort: „Wie, es sollte dem König mißfallen, daß ich seinem Herrn diene?" Und dann gehört hierher jenes Wort vom Schafott herunter, mit dem er sein Leben beschloß, jenes Schweigen gebietende Wort: „Ich sterbe als des Königs guter Diener, Gottes aber zuerst."

In alledem wird gekämpft um die Freiheit des Menschen. Sie gehört zu den heiligsten und unantastbaren Grundlagen des Menschenbildes Mores. Als More Sprecher im Parlament geworden war, forderte er für die Mitglieder des Parlamentes die Redefreiheit. Eben der More, der die Gemeinschaft so unbedingt dem Individuum überordnete, der auch die Ketzer zum Schweigen zu bringen wußte, weil sie ihre private Meinung gegen die Einstimmigkeit des Erdkreises setzten, eben dieser More wird zum Kämpfer für die Freiheit des Menschen.

Es ist die Freiheit des Gewissens, die hier verteidigt wird. More wird in diesem Kampf der Märtyrer des Gewissens, wie man ihn genannt hat (Chesterton). Das Pochen auf sein Gewissen (seit langem dem König gegenüber und immer wieder in den Gefängnisbriefen) hat gar nichts zu tun mit dem Anspruch auf ein Recht der privaten Meinung. Es ist ein Gewissen, das immer wieder „informiert" wird durch langes Studium der Fragen, um die es sich handelt. More hat sich zum Beispiel in der Primatsfrage im Laufe der Zeit ein geradezu erstaunlich detailliertes Wissen erworben. Die Gewissensfreiheit, um die es ihm geht, ist also nicht der Rückzug auf die Sphäre privater Meinung, vielmehr der Anschluß an die Wahrheit der Kirche, die die Wahrheit Christi ist. Aber sie ist ebensowenig der Anspruch auf die emanzipierte stolze Freiheit des Renaissancemenschen oder die Freiheit des modernen Liberalen: sie ist der Anspruch auf die Freiheit – schweigen zu dürfen! Sie fordert jetzt der Mann, der einst die Redefreiheit gefordert hatte, damals für sein Parlament, als dessen Speaker!

Was in diesem Anspruch sichtbar wird, ist die Mündigkeit des modernen Menschen, das, was der mittelalterliche Mensch noch nicht kennt, worauf er sich erst vorbereitet dadurch, daß der „innerliche Mensch" entdeckt wird. Nun aber geht es um Erprobung und Bewährung dieser Mündigkeit in einer Welt, die sie unumgänglich macht.

Erst in dieser Gewissensentscheidung, in der Übereinstimmung mit sich selber gelangt der Mensch zum Frieden. Wenn aber von diesem Frieden in der Schrift gesagt ist, er *frohlocke* im Herzen des Menschen (Kol 3,15), dann heißt das, daß dort, wo dieser Friede ist, auch die Freude wohnt. Und mit dieser Freude muß, glauben wir, in Zusammenhang gebracht werden, was als Mores Humor bekannt ist. Wir halten diesen Humor also für ein im letzten religiöses Phänomen, genau wie den Humor des heiligen Philipp Neri oder den des heiligen Johannes Bosco. Natürlich ist viel Englisches darin, viel Erbe der Familie (vom Vater wird schon so manches in dieser Richtung Liegende erzählt), viel Erworbenes, sicher auch bei Kardinal Morton Erworbenes. Wie sehr die Deutung der Ironie Mores gelegentlich verunglücken kann, haben wir schon erwähnt. Humor, so hieß es, komme bei More aus gut heidnischer Diesseitsfreude. Nun scheint es nicht einmal wahrscheinlich daß Humor eine Stärke der Antike war, sie macht eher einen melancholischen Eindruck, aber jedenfalls ist sie bestimmt nicht die Quelle der Heiterkeit Mores. Humor und Ironie ist Ausdruck der Überlegenheit, der Gelöstheit. Im Humor kommt zum Ausdruck, daß einer einen höheren Standort bezogen hat, von dem er in Abstand und mit günstigerer Perspektive auf die Wirklichkeit blikken kann. Wie muß einer sich aus aller Verstrickung in sich selbst und aus allen Weltgegensätzen herausgearbeitet haben, bis er zu jenem gütigen oder schelmischen Schmunzeln kommt, das wir noch auf Holbeins More-Bildnis wahrzunehmen glauben. Bald kam der Puritanismus, schon neben More her wuchs er auf. Er ist vor allem durch seine erschütternde Verständnislosigkeit für allen Humor bemerkenswert. In demselben England, in derselben Epoche eine wie andere Welt! Ein wie anderes seelisches Klima! Weil ein anderes Menschenbild! Die Einsicht in die letzte Unwichtigkeit der irdischen Dinge, eine Einsicht, die zweifellos dem Glauben verdankt wird, steckt in diesem Humor, der so als in einem notwendigen Verhältnis zum Glauben stehend erkannt wird. Der Puritanismus aber weiß bekanntlich nichts mehr von der letzten Unwichtigkeit des Irdischen, er glaubt aus calvinischer Ideologie heraus an die geradezu heilsentscheidende Wichtigkeit des Irdischen, nämlich des Geschäftes. Und so beginnt die Ära des sturen Ernstes, des Menschen, der nicht mehr das wahrhaft unergründliche und wahrhaft göttliche Lächeln des Heiligen kennt.

Es gibt einen weltlichen und einen geistlichen Humanismus. Dieser hat keine reinere Darstellung gefunden als in Thomas More. Er beweist uns, wie christlicher Humanismus möglich ist, an den wir um der Menschwerdung Christi willen glauben. Freilich, es muß ein Humanismus sein, der nicht das Kreuz ausläßt und nicht die Nachfolge Christi. Erasmus, der Ästhet und Bildungschrist, äußerte einmal, Märtyrer habe das Christentum inzwischen genügend gehabt, was ihm jetzt not tue, seien Gelehrte. Die Antwort des heiligen Thomas Morus, nicht in Worten, aber in der Tat seines Sterbens gegeben, lautet: in der entscheidenden Stunde retten nicht die Gelehrten, sondern die Märtyrer die Welt und die Kirche. Wenn diese Märtyrer vorher auch für die humanistische Wertwelt gestritten haben, dann brauchen sie diese nicht zu verleugnen in dem Augenblick, da sie Zeugen Christi werden, aber sie wird ihnen nicht weit helfen und ihrer Zeit auch nicht. Der besondere Fall des heiligen Thomas Morus ist der, daß einer beides in vollendeter Weise in sich vereinigt, und das ist der ganze Sinn dieses Lebens: daß der Gelehrte der Märtyrer und daß der Märtyrer der Gelehrte ist.

BLAISE PASCAL – CHRISTUS A UND O

(1623–1662)

Blaise Pascal ist ein berühmter Mann, aber man kann nicht sagen, daß er nur Freunde habe. Er ist eines der ganz großen religiösen Genies der Neuzeit, wenn man den fragwürdigen Begriff einmal verwenden darf, aber selbst unter den Christen hat er scharfe Gegner. Umgekehrt hat er seit dreihundert Jahren immer wieder eine merkwürdige Anziehungskraft auf die Nichtchristen ausgeübt und auf die, die sich dafür hielten. Voltaire hat hundert Jahre nach Pascal ein ganzes Leben lang mit ihm gerungen, und wenn er ihm auch gram ist und die oberflächliche Formel vom kranken Pascal aufgebracht hat, so zögert der spöttische Aufklärer doch nicht, Pascal einen großen Mann und ein großes Genie zu nennen. Aber auch Nietzsche, der Antichrist, der sich stark zu machen versucht gegen das Christentum, ist von diesem seltsamen Pascal nie losgekommen, den er den einzigen Christen nennt. In unseren Tagen sind Unamuno und André Gide immer mit Pascal beschäftigt geblieben, obwohl man doch nicht sagen kann, daß sie von einer religiösen Fragestellung ausgehen. Schon diese Wirkung allein macht Pascal wichtig. Er ist ganz offenbar jene Erscheinungsform des christlichen Denkens, die selbst den modernen Apostaten und Ungläubigen noch Eindruck macht.

I

Pascal gehörte ein wenig zu den Wunderkindern, die schon immer die Phantasie der Menschen angeregt haben. Noch als Kind, so erzählt man, habe er die ganze euklidische Geometrie aus sich selbst entwickelt, nachdem der besorgte Vater dem frühreifen Kind alle Lehrbücher weggenommen hatte. Mit sechzehn Jahren hat Pascal, ein halbes Kind noch, über die Kegelschnitte geschrieben und im

Anschluß daran mit den größten und berühmtesten Namen der Mathematik seiner Zeit zu korrespondieren begonnen. Sein mathematisches Genie führte ihn bis dicht an Integralrechnung und Infinitesimalrechnung, so daß auf seinen Grundlagen später Leibniz weiterbauen konnte. Seine Versuche über den leeren Raum kennzeichnen ihn abermals als eines der großen mathematischen und physikalischen Genies der Neuzeit. Jedoch hängt sein gewaltiger Einfluß nicht in erster Linie mit seinen mathematisch-physikalischen Arbeiten zusammen, sondern mit seinem philosophischen und religiösen Denken. Dabei sind es nicht nur die Themen Pascals, die die Aufmerksamkeit immer neu fesseln, sondern es ist insbesondere auch sein schriftstellerischer Rang. Pascal gehört zu den Meistern der Sprache, denen das Französische ganz neue Ausdrucksmöglichkeiten verdankt. Da die Sprache es ist, die Unsterblichkeit schenkt, wird Pascal für immer zu Frankreichs Klassikern zählen.

Aber wenn Pascal ein so großer Mann ist, was haben dann die christlichen Kritiker für Vorbehalte gegen ihn? Es wird oft gegen ihn eingewandt, er sei im Grund ein Jansenist gewesen und geblieben, ein Anhänger jener Irrlehre der Zeit, die von der Kirche verurteilt worden ist, weil sie in der Gnadenlehre einen einseitigen Vorherbestimmungsglauben vertrat. Wahr ist, daß Pascal in dieser Frage gegen die Jesuiten geschrieben hat, wahr ist, daß er zu der berühmten Gruppe von Port-Royal gehört hat, das eine Art Hauptquartier des Jansenismus geworden war. Aber ebenso wahr ist, daß der späte Pascal in seinen Schriften sich ausdrücklich über beide Parteien erhoben hat und daß er sich gegen Ende seines Lebens, das nur neununddreißig Jahre gedauert hat, ganz auf sich selber zurückzog, keinem anderen Interesse lebend als dem, das Heil seiner Seele zu wirken in Stille, Zurückgezogenheit, religiösem Ernst und aufrichtigem kirchlichem Glauben. Freilich gibt es in dieser seiner Frömmigkeit merkwürdig düstere Züge, die wenig von der Freude der Erlösten spüren lassen. So geht denn auch die Kritik noch einen Schritt weiter, indem sie mit Mitteln der modernen Psychologie Pascals Tiefenperson auszuleuchten versucht. Man nennt ihn einen zerrissenen, zwiespältigen Menschen, ja kurzweg einen seelisch kranken Mann. Mit solchen Hinweisen hat man heute immer das Ohr der Öffentlichkeit. Die Frage ist nur, ob wir damit nicht etwas zu voreilig sind. Wer kann sich anmaßen, das innere Gesetz eines Großen zu erkennen und ihn an den psychologischen Maßen des Normalbürgers zu messen? Manchmal scheint es, daß wir in die Gefahr geraten, die oberflächliche rationalistische Aufklärung durch eine nicht minder oberflächliche psychologische Aufklärung zu ersetzen. Diese aber, auch wenn sie sich Tiefenpsychologie nennt, braucht nicht davor geschützt zu sein, sich der Seichtheit schuldig zu machen. Was wissen wir denn letzten Endes von den tiefsten Erfahrungen der Großen, was wissen wir von dem, was sie litten, von den Spannungen und Anfechtungen, an denen sie reiften und aus denen vielleicht ihre Größe erst unter Schmerzen geboren wurde? Das Leitbild unserer Psychologie ist allzusehr der sonnige, ausgeglichene, im Gleichgewicht befindliche Mensch. Daß dieser ausgeglichene Mensch in der Wirklichkeit nie vorkommt, daß seine Ausgeglichenheit und Euphorie vielleicht sogar den inneren Tod bedeuten würde, das bedenken wir wenig. Die großen Kreuzträger, die nicht so sehr ein äußeres als vielmehr ein inneres Kreuz zu tragen haben, sind vielleicht nicht nur die höheren Typen mit der größeren inneren Lebensleistung, sondern sind auch die Menschen nach dem Herzen Gottes, an denen sich das Kreuzgeheimnis der christlichen Existenz offenbart.

II

Worin liegt die Bedeutung Pascals? Man wird sie vor allem in seiner Lehre vom Menschen suchen müssen. Pascal hat zwei auseinanderstrebende Formen des Existenzverständnisses zu einer höheren Einheit verbunden. Die Zwiespältigkeit im Selbstverständnis des modernen Menschen ist offenkundig. Auf der einen Seite ist der Mensch vom Humanismus und von den Idealismen her immer wieder zu einem höheren Wesen hinaufgesteigert worden. Im neunzehnten Jahrhundert hat man da und dort, in Frankreich sowohl wie in Deutschland, in einer wenn auch versteckten und vorsichtigen Weise den Menschen gar mit dem höchsten Wesen gleichgestellt. Die Formel von der Würde des Menschen, die seit dem Humanismus in immer neuen Varianten weitergeht und die nicht nur das System der Menschenrechte trägt, sondern auch zu schwärmerischen Formen des neuen Humanismus führt, nährt sich allezeit aus dem Überschwang der Selbsteinschätzung des Menschen. Daneben läuft aber in derselben Neuzeit eine ebenso beharrliche Tradition, die in tiefem Pessimismus vom Menschen spricht und endlich darin mündet, den Menschen verächtlich zu machen und ihn seiner Würde zu berauben. Diese Geringschätzung des Menschen verbindet sich da und dort mit dem Darwinismus und findet dann ihr besonderes Vergnügen daran, dem Menschen seine Sonderstellung abzusprechen, indem sie ihn zynisch einen Affen mit gestörter innerer Sekretion nennt und ihn unter die Säugetiere klassifiziert.

Beide Auffassungen des Menschen wirken sich verhängnisvoll aus. Die idealistische Auffassung vom Menschen verliert leicht den Sinn für die Macht des Bösen und wird deswegen vom Bösen zu gegebener Stunde ahnungslos überfallen. Darin liegt eine der Erklärungen für die Katastrophe der Neuzeit. Das andere Grundgefühl, das den Menschen nicht genug schmähen und erniedrigen kann, ist zu einem großen Teil das Menschenbild diktatorischer und totalitärer Gewalten geworden. Wo es sich literarisch und philosophisch aussagt, führt es zum Nihilismus, zur Selbstverachtung und Selbstpreisgabe des Menschen.

Pascal ist der einzige Denker, der diese auseinanderstrebenden Aspekte des Menschen zu einer Einheit zusammengebogen hat. Seine eigentliche Leistung besteht darin, daß er nicht beide Auffassungen mechanisch addiert, sondern daß er unermüdlich ihre dialektische Einheit aufweist.

Pascal schenkt dem Menschen nichts im Abbau der Illusionen. Immer von neuem weist er auf die Kümmerlichkeit, Dürftigkeit, Kläglichkeit des Menschen hin, die er in dem Begriff „Misère de l'homme" aussagt. Dieses Elend des Menschen ist sowohl seine natürliche Seinsschwäche wie Ergebnis seines schuldhaften Versagens. Wichtig ist in Pascals Menschendeutung vor allem der Begriff der Zerstreuung. Wir alle neigen dazu, in der Zerstreuung die Kurzweil des Lebens zu sehen. Pascal hat den inneren Zusammenhang der Zerstreuung mit der Langeweile oder der Lebensöde aufgewiesen. Die Lebensleere (ennui) treibt den Menschen in immer neue Zerstreuungen. Zerstreuungen aber, die ja doch ein tieferes Glücksverlangen nicht stillen können, steigern erst recht die Erfahrung der Lebensöde. Pascal hat dieses Phänomen vor allem an den Beispielen der Jagd und des Spiels beschrieben, also am Lebensstil und den Unarten der damaligen höfischen Welt. Welch zentrale Bedeutung hat das alles in unserer heutigen Situation erlangt! Bei dem allgemeinen Amüsierbetrieb einer riesenhaften Vergnügungsindustrie wird die Flucht in die Zerstreuung zur krankhaften Sucht des Massenmenschen. Auch in dieser Situation und gerade in ihr entspricht natürlich dem Zerstreuungsbedürfnis die Erfahrung der Lebensöde, und beide steigern sich wechselseitig mehr als je. Dieses böse Wechselspiel ist einer der Krankheitsherde des modernen Lebens geworden. Nie aber ist dieser psychologische und zivilisatorische Befund so genial und schonungslos aufgedeckt worden wie durch den scharfen Blick Pascals (167, 168, 170, 171. – Die Fragmente werden in der Zählung von Brunschvicg zitiert).

Doch Pascal kennt nicht nur diesen negativen Aspekt des menschlichen Daseins in seiner Verfallenheit. Je bitterer er das Elend des Menschen erfährt, desto entschlossener hält er die Idee seiner Größe aufrecht. Diese Größe des Menschen liegt im Denken (146, 347, 397, 416). Der Sinn und die Leistung des Denkens bestehen für Pascal darin, daß der Mensch imstande ist, seine Seinslage zu bedenken. Eines der Fragmente (146) sagt: „Der Mensch ist offensichtlich gemacht, um zu denken; darin besteht seine ganze Würde und sein ganzes Verdienst; seine ganze Pflicht besteht darin, so zu denken, wie es sich gehört. Die Ordnung nun des Denkens besteht darin, bei sich zu beginnen und bei seinem Urheber und seinem Ziel." Durch die Fähigkeit des Denkens ist der Mensch aller anderen Wirklichkeit überlegen, auch derjenigen, die kräftiger und mächtiger ist als er und ihn zu erdrücken und zu zermalmen vermag. Das ist die Feststellung des berühmten Fragmentes über das denkende Rohr: „Der Mensch ist nur ein Schilfrohr, das schwächste Gebilde der Natur; aber er ist ein denkendes Schilfrohr, und es ist nicht nötig, daß das ganze Universum sich wappne, um ihn zu vernichten; ein Gift, ein Tropfen Flüssigkeit genügt, ihn zu töten. Aber wenn das ganze Universum ihn vernichten würde, wäre der Mensch immer noch vornehmer als das, was ihn tötet, denn er weiß, daß er stirbt, und er weiß um die Überlegenheit des Universums ihm gegenüber; das Universum weiß davon nichts. Unsere ganze Würde besteht also im Denken. Das ist der Punkt, von dem aus man unsere Bedeutung ermitteln muß, und nicht von Raum und Zeit her..." Dazu der ergänzende Text (348): „Nicht vom Raume her muß ich meine Würde suchen, sondern von der Ordnung meines Denkens. Ich hätte nicht ein Mehr an Sein, wenn ich ganze Länder besäße: durch den Raum umgreift mich das Universum und verschlingt mich wie einen winzigen Punkt; durch das Denken umgreife ich das Universum."

Das Urverlangen des Menschen nach Geltung, nach Anerkennung, das allen Ständen und Lebensaltern eigentümlich ist (150, 151), deutet Pascal als Ausdruck des Selbstwertbewußtseins des Menschen; dieses Geltungsverlangen erklärt sich für ihn nur durch ein einerschaffenes Wissen um die Würde und Größe menschlichen Seins: „Wir haben eine so große Meinung von der Idee der menschlichen Seele", sagt er, „daß wir es nicht ertragen können, darin verachtet zu werden und nicht bei irgend jemandem in Wertschätzung zu stehen; das ganze Glück der Menschen besteht in dieser Hochschätzung. Wenn einerseits der falsche Ruhm, den die Menschen suchen, ein offenbarendes Zeichen ihres Elendes und ihrer Niedrigkeit ist, so ist er auf der anderen Seite auch ein Zeichen ihrer Vortrefflichkeit. Denn welche Besitztümer einer auch habe auf der Erde, welcher Gesundheit und welches bemerkenswerten Komforts er sich auch erfreue, er ist nicht befriedigt, wenn er sich nicht der Wertschätzung der Menschen erfreut. Er bewertet das Urteil der Menschen so hoch, daß er sich unglücklich fühlt, welche Vorteile ihm die Welt auch biete, wenn er nicht vorteilhaft in der Schätzung der Menschen plaziert ist. Das ist der schönste Ort der Welt: nichts kann ihn von diesem Verlangen abbringen; das ist die unausrottbare Eigenschaft des Menschenherzens" (Ausgabe von Port-Royal XXIII, 5).

Das also ist Pascals Meinung über den Menschen: er ist unermeßlich groß und unermeßlich erbärmlich in einem. Aber Pascals einzigartige Leistung besteht eben darin, diese beiden Aspekte menschlichen Wesens miteinander zu verknüpfen, statt sie unverbunden nebeneinander stehenzulassen. In seiner äußersten Verdichtung lautet dieser Gedanke bei Pascal: „Die Größe des Menschen besteht darin, daß er sich als erbärmlich weiß. Ein Baum weiß sich nicht erbärmlich" (397, vgl. 416). Größe und Elend des

Menschen sind also eine Einheit. Man muß deshalb darauf achten, keines von beiden zu isolieren. Pascals Rezept hierfür, wie er selber es beschreibt, heißt: „Rühmt er sich, so setze ich ihn herab, setzt er sich herab, so rühme ich ihn, und so widerspreche ich ihm immer, bis er begreift, daß er ein unbegreifliches Monstrum ist" (420). Der Mensch ist ein Monstrum, ein Ungetüm, dieser Gedanke hat sich Pascal immer wieder nahegelegt (72 gegen Schluß, 434). An einer eindrucksvollen Stelle heißt es: „Welche Chimäre ist also der Mensch, welche Absonderlichkeit, welches Monstrum, welches Chaos, welcher Gegenstand des Widerspruchs, welche Seltsamkeit! Richter aller Dinge und schwacher Erdenwurm; Verwalter der Wahrheit und Kloake der Unwissenheit und des Irrtums; Ruhm und Abscheu des Universums" (434). Pascal, der Mathematiker, hat nach einem mathematischen Symbol für diese These gesucht, in der die Größe und Nichtigkeit des Menschen zugleich ausgesagt sind, und er fand dieses Symbol in der mathematischen Geraden. Insofern die Gerade ein in einem bestimmten Richtungssinn sich bewegender unendlich kleiner Punkt ist, ist sie unendlich groß in der Erstreckung und unendlich klein in ihrem konstitutiven Element. Sie ist klein dadurch, daß sie groß ist, wie sie groß ist dadurch, daß sie klein ist.

Diese, wenn wir es mit einem Modewort sagen dürfen, dialektische Spannung im Menschenwesen, sein monströser Charakter im Sinne Pascals, hat schon an sich religiöse Bedeutung. Man könnte sagen: weil der Mensch das Wesen ist, das nicht aufgeht, ist bewiesen, daß er auf Gott hin angelegt ist. Im religiösen Bezug nämlich werden die tiefen Gegensätzlichkeiten seines Wesens überstiegen und aufgehoben. Es ist also nur eine Umschreibung der Seinslage des Menschen, was Pascal in einem seiner frappierendsten und wichtigsten Sätze formuliert: „Der Mensch übersteigt um ein Unendliches den Menschen" (434).

III

Der Mensch findet also zu sich selbst und zu seinem eigenen Wesensverständnis nur dadurch, daß er sich auf die Elemente seiner Menschennatur besinnt. Diese Grundüberzeugung führt Pascal dazu, skeptisch zu bleiben gegenüber den Entdeckungen der Naturwissenschaft, die gerade damals so machtvoll einsetzten. Bei jedem anderen, der die Naturwissenschaft kritisch betrachten würde, wären wir mißtrauisch. Aber Pascal gehört selber zu den Pionieren dieses neuen Denkens. Dennoch steht er kritisch zu Kopernikus, der zum ersten Male wissenschaftlich nachgewiesen hatte, daß die Erde nicht Mittelpunkt des Weltalls ist, wie er auch kritisch steht zu Descartes, dem großen Mathematiker seiner Zeit (67. 76f. 78f. 144. 206. 218. 346–348. 465. 397). Es ist von höchster Bedeutung, daß nicht irgendein spekulativer Philosoph oder ein sensibler Ästhet gegen das einseitig naturwissenschaftliche Denken gleich zu Anfang Front macht, sondern einer, der zu seinen Klassikern gehört und der den großen naturwissenschaftlichen und mathematischen Geistern der Epoche durchaus ebenbürtig ist. Immer wieder warnt Pascal vor den Denkansätzen des Descartes und des Kopernikus. Er fühlt sich verloren in der Unendlichkeit von Raum und Zeit: „Wenn ich die kurze Dauer meines Lebens betrachte, verschlungen von der vorhergehenden und nachfolgenden Unendlichkeit der Zeit, wenn ich betrachte den Raum, den ich ausfülle, und gar den, den ich überblicke, der mich umgibt, wie in einem Abgrund verschlungen in der unendlichen Unermeßlichkeit der Räume, die ich nicht kenne und die mich nicht kennen, so schaudert mich, und ich staune darüber, daß ich mich hier vorfinde und nicht anderswo, denn es gibt ja keinen einsichtigen Grund dafür, warum hier und nicht anderswo, warum in der Gegenwart und nicht zu einer anderen Zeit." Der Gedanke führt dann folgerichtig zu dem berühmten kleinen Text: „Das ewige Schweigen dieser unermeßlichen Räume macht mich schaudern" (206). Was bedeutet dieser Schauder vor der Unendlichkeit des Raumes? Die Frage interessiert uns, weil wir ja am Schluß von Kants Kritik der praktischen Vernunft die Bezugnahme auf den Kosmos nochmals finden, in der oft zitierten Stelle vom gestirnten Himmel über mir und dem moralischen Gesetz in mir. Pascal fühlt tief die Verlorenheit des Menschen im unermeßlichen Raum. Als Masseteilchen in den gigantischen Massen des Universums ist der Mensch ein Nichts. Selbstbehauptung, Halt und Größe gewinnt er erst dadurch, daß er sich auf sich selber hin orientiert, anstatt auf das Universum. Die Wesensdichte des Menschen geht verloren, sobald der Mensch im grenzenlosen Kosmos schweifend lebt, anstatt sich auf sich selbst zu konzentrieren. Hierin hat Pascals Mißtrauen seinen Sitz.

Gegenüber einem neu heraufkommenden Denken, das vor allem die quantitativen Bestimmtheiten des Seins zum Gegenstand hatte, das also wesentlich ein mathematisches Denken war, hat Pascal sehr großen Wert gelegt auf ein anderes geistiges Vermögen, das er den Geist der Feinheit nennt im Unterschied zum mathematischen Geist. Dieser Geist der Feinheit, dieser esprit de finesse ist das Organ der Selbsterfassung der Existenz. Wir könnten ihn auch das Qualitätsgefühl nennen. Von diesem Geist der Feinheit heißt es einmal: „Er geht von den Augen zum Herzen, und durch die Bewegung von außen nach innen weiß er um das, was sich innen begibt" (Opuscules, ed. Hachette, S. 125; vgl. auch das wichtige Fragment 1 der Pensées).

Heute, wo der Mensch nicht nur mit seiner Phantasie und seinem Denken durch das Weltall schweift, sondern sehr real mit seinen Flugkörpern in den Weltraum vorstößt, mag uns Pascals Warnung nachdenklich machen. Sie empfiehlt uns, das Wesen, das Gewicht, die Sinnerfahrung menschlichen Daseins nicht im Draußen, sondern im Drinnen zu suchen.

IV

Doch wir hätten nicht den ganzen Pascal vorgestellt, wenn wir nicht seine religiöse Existenz und sein religiöses Denken einbezögen. Pascal, wir sagten es schon, war ein religiöser Genius, der in allen Phasen seines Lebens von der religiösen Frage umgetrieben wurde. Jeder, der Pascal liest, wird immer wieder diesen Atem des religiösen Genius spüren. Nimmt man die Kurzbiographie der Schwester hinzu, können wir Pascal gerade auch in seiner religiösen Haltung aus dem frischen Eindruck seiner eigenen Umgebung verstehen lernen. Das Religiöse war beherrschend in seinem Leben seit je. Am deutlichsten aber wird es seit der grundlegenden religiösen Wende seines Lebens in dem berühmten Erlebnis aus dem Jahre 1654. Pascal hatte am 23. November eine innere Erfahrung, die ihn mit Urgewalt überfiel des Abends von ½11 bis ungefähr ½1 Uhr, und die sein ganzes künftiges Leben und Empfinden bestimmen sollte. In einem hingewühlten Text, der nur aus

Sprachfetzen und einzelnen Stichworten besteht, hat er das Erlebnis festzuhalten versucht. Den Text hat er in seinen Rock eingenäht. So trug er das Dokument immer bei sich, und zugleich bewahrte er es so in jener Verborgenheit, die den entscheidenden religiösen Erfahrungen gebührt. Der Text, bekannt als Mémorial, beginnt folgendermaßen:

> „Gott Abrahams, Gott Isaaks, Gott Jakobs, Feuer!
> Gott Abrahams, Gott Isaaks, Gott Jakobs,
> nicht der Philosophen und der Wissenschaftler!
> Gewißheit, Gewißheit.
> Empfindung. Freude. Friede.
> Gott Jesu Christi."

Alles Denken Pascals hatte sich schon immer um die Frage der religiösen Erfahrung bewegt, die er in diesem Text dadurch ausdrückt, daß er den lebendigen Gott der geschichtshaften Offenbarung unterscheidet von dem Gott, den Philosophie und Wissenschaft kennen und der nur ein gedankliches Postulat ist. Die neue religiöse Erfahrung vermittelt ihm ein Gewißheitserlebnis, ein tiefes Empfinden, Freude und Frieden des Herzens. Die Freude hat ihn so übermannt, daß an einer späteren Stelle des Textes eine Zeile steht, die lediglich folgenden Wortlaut hat: „Freude, Freude, Tränen der Freude." Und dann kommt er noch einmal auf die Gestalt Christi zu sprechen, den er schon in den ersten Zeilen genannt hat. Das heißt jetzt: „Das ist das ewige Leben, daß sie dich erkennen, den allein wahren Gott und den du gesandt hast, Jesus Christus." Unter diesem Zitat aus Joh 17, 3 steht in zwei selbständigen Zeilen lediglich noch einmal „Jesus Christus", „Jesus Christus".

Das ist die Frömmigkeit, die Gott nicht in der Spekulation sucht, sondern in der Begegnung. Es ist die Frömmigkeit, die sich nicht in einem vagen Sinne um ein höheres Wesen bemüht, sondern um den Gott, der uns in Jesus Christus sein Antlitz zuwandte. Zu dieser Frömmigkeit und diesem religiösen Stil gehört, daß einer in bedingungsloser Hingabe sich Jesus Christus verschreibt und sich in seinem ganzen Leben von ihm her bestimmt weiß. Diese Art von Frömmigkeit kreist um Christus. Sie nährt sich aus seiner Wahrheit und aus dem liebenden Umgang mit ihm. Sie erwartet das Heil so, wie *er* es schuf, nicht wie die eigenen Wünsche es sich vorstellen. Christusbezogene Frömmigkeit lebt nicht von Spekulationen über Welt und Natur und deren etwaige religiöse Gehalte, sie sucht nicht Befriedigung des Denkens oder Befriedigung irdischer Bedürfnisse: „Der Gott der Christen ist nicht ein Gott, der einfachhin der Urheber mathematischer Wahrheiten wäre und der Ordnung der Elemente; dieses steht den Heiden und den Epikureern an. Er ist aber auch nicht nur ein Gott, der seine Fürsorge über Leben und Besitz der Menschen walten läßt, um seinen Anbetern einen glücklichen Gang der Jahre zu gewähren; dieses ist der Anteil der Juden. Sondern der Gott Abrahams, der Gott Isaaks, der Gott Jakobs (das heißt der geschichtshaft handelnde Gott, wie wir uns vom Mémorial her erinnern), der Gott der Christen ist ein Gott der Liebe und der Tröstung, ein Gott, der Herz und Seele derer ergreift, von denen er Besitz ergriffen hat, ein Gott, der sie tief innen ihr Elend empfinden läßt ebenso wie sein menschliches Erbarmen; der sich ihrem Seelengrunde eint; der die Seele erfüllt mit Demut, mit Freude, mit Vertrauen, mit Liebe; der sie unfähig macht, ein anderes Ziel zu haben als Ihn selbst.

Alle,die Gott fern von Jesus Christus suchen und die sich mit der Natur aufhalten, finden entweder kein Licht, das sie sättigt, oder aber sie verfallen schließlich darauf, sich selbst einen Weg der Gotteserkenntnis und des Gottesdienstes ohne einen Mittler zu konstruieren...

Ohne Jesus Christus hätte die Welt keinen Bestand; denn entweder müßte sie zerstört werden oder sie müßte zur Hölle werden" (556).

Je mehr in der Neuzeit der kosmologische Gottesbeweis verblaßt, der so lange Zeit den Gottesglauben zu tragen schien, desto bedeutsamer wird für die christliche Existenz die frühe Einsicht Pascals, daß Christentum ein Christusverhältnis des Gläubigen gründet.

Gotteserkenntnis also und Gotteserfahrung gibt es nur in Jesus Christus. Aber auch der Mensch wird nur verständlich und nur erträglich für Pascal, wenn er nicht von Christus isoliert gesehen wird. „Ich sehe Jesus Christus in allen Menschen und in unserem eigenen Selbst. Jesus Christus als Vater in seinem Vater, Jesus Christus als Bruder in seinen Brüdern, Jesus Christus als Armen in den Armen, Jesus Christus als Reichen in den Reichen, Jesus Christus als Lehrer und Priester in den Priestern, Jesus Christus als Herrscher in den Fürsten. Denn durch seine Glorie ist er alles, was es an Großem gibt, da er ja Gott ist, und durch sein sterbliches Leben ist er alles, was klein und unansehnlich ist" (785).

Welchen Rang gewinnt der Mensch für ein solches Denken! Pascal blieb aber nicht bei den theoretischen Gedankenspielen stehen. Sein Tod ist unvergeßlich durch einen kleinen Umstand, in dem ein konsequent zu Ende gedachter christlicher Gedanke aufleuchtet. Man hatte gezögert, dem Schwerkranken die Kommunion zu reichen, ganz nach Art des Jansenismus und seiner Kommunionstrenge. So ließ Pascal einen Armen zu sich ins Sterbezimmer rufen, überzeugt, in ihm die Gegenwart des Herrn zu besitzen, die ihm als Gegenwart im Sakrament versagt war. Es war die Kommunion der Liebe, die Vereinigung mit Christus durch die Gemeinschaft mit seinem armen Bruder. Das war die Wegzehrung eines Menschen, der begriffen hat, wie man es anstellen muß, um Christi teilhaftig zu werden: es ist die Liebe zum armen Mitmenschen, die ihn jederzeit herbeizurufen vermag.

JOHANN ADAM MÖHLER – THEOLOGIE AUS FRÖMMIGKEIT GEBOREN

(1796–1838)

Das Absolute

„Ach, jetzt hab' ich's gesehen – jetzt weiß ich's; jetzt wollte ich ein Buch schreiben –, das müßte ein Buch werden; – aber jetzt ist's vorbei!" Dieses erschütternde letzte Wort, das Möhler als Sterbender sprach, offenbart, wie sehr dieser große Theologe ein Schriftsteller war. Sein wesentliches Verhältnis zur Sprache verrät sich schon in der Freude des jungen Gelehrten über die Grundsätze der Spracherziehung im Braunschweiger Carolinum, ebenso in seinem Groll gegen die vom Journalismus verschuldete Sprachverwilderung. Wie ist es aber zu erklären, daß ein Mann, von dem immer wieder bezeugt wird und der selber von sich weiß, daß er „kein Mann schroffen Gegensatzes" ist, der so sensibel ist, daß ihm ein scharfes Wort seiner Münchener Freunde schlaflose Nächte kostet, durch den ein kritischer und nüchterner Geist wie Robert von Mohl sich immer an den Apostel Johannes erinnert fühlte, daß dieser Mann in seiner Sprache gelegentlich einer so beißenden Ironie fähig ist? Das ist weder mit der romantischen Liebe zur Ironie noch mit seiner fränkischen Eigenart, sondern zuletzt nur damit zu erklären, daß er einer jener besonderen Menschen ist, die vom Absoluten verwundet zu sein scheinen und die darum schmerzlicher als andere die Unzulänglichkeit des Irdischen und Menschlichen erleben. Aus diesem Erlebnis der Unvergleichbarkeit des Göttlichen und Menschlichen entspringt im Grunde die gewaltige Ironie aller großen Theologen von Ignatius von Antiochien, der jene Irrlehrer, die Christus nur einen Scheinleib zuschrieben, selber etwas bloß Scheinbares nennt, bis zu Newman. Möhlers „Neue Untersuchungen" sind als ein polemisches Buch natürlich besonders voll von dieser Ironie, aber auch in seinen anderen Schriften bricht diese Leidenschaft zum Absoluten auf Schritt und Tritt durch. Sein Aufsatz über den Saint-Simonismus ist zum Beispiel eine einzige große Ironisierung jener Primitivität, die allen Verständnisses für die Ursprünglichkeit und die Macht des Religiösen bar ist.

Dieser Möhler, der sein eigentliches Zuhause im Absoluten hat, gehört gewiß nicht zu jenen Theologen, „die sich in der neueren Zeit immer nur von den Abfällen der Weisheit dieser Welt nähren und, anstatt das Brot des Lebens auszuteilen, selbst nur wie armselige Bettler vor fremden Türen einsammeln". Für ihn ist das Christentum in keinem seiner Teile eine Meinung: „Ich habe daher, wenn es eigentümlich christliche Lehren betrifft, schlechterdings kein bloßes ‚es möchte, könnte, dürfte' und dergleichen in Bereitschaft... Denn mit dem Evangelium bin ich über die Zeitmeinungen erhaben."

Ein theologisches Denken, das ganz beherrscht ist von der Idee der Transzendenz Gottes, ist der geschworene Feind alles Pantheismus, dieses Vaters der Mittelmäßigkeit. Möhler hat ihn denn auch bis in die letzten Schlupfwinkel theologischer Systeme hinein verfolgt. Etwas von der Leidenschaft Kierkegaards, der da wußte: die Nivellierung ist nicht von Gott, ist dabei in Möhler lebendig. Die titanischen Theologen sind ihm im Blute zuwider; jene pantheistischen Sekten, „die sich so ausnehmend in der Welt gefielen, daß sie sie mit der Gottheit konfundierten", ziehen sich seinen Spott zu. Aufschlußreich für diese Leidenschaft Möhlers zum Absoluten ist die in seinen „Athanasius" eingefügte Polemik gegen den Sabellianismus Schleiermachers. Durch seine virtuose Kunst, eine fremde Meinung ihrer sprachlichen Hüllen zu entkleiden, in denen sie so unschuldig oder so großartig wirkte, demaskiert er die Unwahrheit, den Unernst und die Erbärmlichkeit der modischen Theologie auf eine immer verblüffende Weise: er richtet, indem er berichtet. Da heißt es: „Das Christentum ist eine neue Evolution der Gottheit, wodurch gleichsam die ursprüngliche Unreife der Schöpfung gehoben und die Schöpfung, wenn es gewiß ist, vollendet wird, da die Gottheit in ihrer ganzen Fülle in dieselbe sich ergießet. Was früher die Gottheit gehindert hat, ganz sich mitzuteilen, läßt sich nicht begreifen; und auch das ist nicht gewiß, ob nicht noch eine Evolution der Gottheit erfolgt oder wohl gar noch mehrere; denn wenn es Sitte der Gottheit ist, sich allmählich zu entfalten, und der Grund nur in ihr, nicht im Menschen liegt, daß sie sich im Christentum später offenbarte, so ist es in der Tat nicht gewiß, ob wir nicht noch höher hinaufgetrieben und mit noch einer Evolution erfreuet werden." Mit gerechtem Entsetzen vollends erfüllt diesen Eiferer für die Majestät Gottes das pantheistische Denken, wenn es Gott auch noch zum Träger des Bösen macht und eben damit den Begriff von Gott vernichtet: „Eine erbärmlichere Gedankenreihe läßt sich nun doch wohl nicht ausfindig machen."

Gott und Welt

Gott und Welt sind auseinanderzuhalten: dies ist ein elementarer Grundsatz des Möhlerschen Denkens. Das will aber nicht besagen, daß sie gänzlich von einander zu trennen sind, sondern nur, daß Gott in der Welt *und* außerweltlich, daß er stets geschieden vom Einzelnen wie vom Ganzen und doch nicht getrennt ist. Jene Auffassung, die ihn gänzlich von der Welt trennt, fand ihren geschichtlich mächtigsten Ausdruck im Gnostizismus. Wenn Möhler im Protestantismus auch eine gnostische Komponente sieht, so ist ihm darin Neander und F. Chr. Baur bereits vorausgegangen (und Adolf von Harnack mit seinem „Marcion" nachgefolgt). Zwischen Pantheismus und radikalem Dualismus aber steht der katholische Theologe, steht also Möhler, der immer geraden Weges aus dem Jenseits zu kommen scheint und doch diese Erde liebt mit einer tiefen Leidenschaft. Wie nah er dem Elementaren und Tellurischen war, bezeugt jener Bericht, nach dem er einmal, am Boden ruhend, das Gesicht tief ins Gras gedrückt, vom wunderkräftigen Atem der Natur sich belebt fühlte wie von keinem Weihrauch. Möhler war dem Geheimnis des Daseins immer nahe genug, um seine unermeßlichen Tiefen zu ahnen und zu verehren. „Das Begreifenwollen ist ein dürftiges Lebenszeichen des in uns vorhandenen, aber tief verhüllten Keimes des künftigen Schauens und Bürgschaft, daß es uns gewiß zuteil werden wird. So mag denn diesem Trieb eine wohlgeordnete Entfaltung nicht versagt werden. Volle Befriedigung aber, darauf müssen wir vorbereitet sein, findet und gewährt er nicht. Sollte sich nun aber wohl gerade das Streben nach dem Begreifen, das mit der ursprünglichen Zerrüttung unserer Natur, mit der Nacht, die sich seitdem über unseren Geist hinbreitet, so genau zusammenhängt, in dem Versuche, diese Nacht zu erhellen, glücklich erweisen? Der Zweifel hieran ist erlaubt. Wer begreift das Böse an sich? Wer hat den tiefen Zusammenhang zwischen dem moralischen und physischen Übel jemals durchdrungen? Wer hat die Bande, die den Leib und die Seele verknüpfen, erforscht? Wer kennt das Verhältnis der Geschlechter und weiß, was Leben und Lebenserzeugung ist?" (Symbolik, § 5.) Die Szene aber, da Möhler in Meran dabei angetroffen wird, wie er vor erhabenen Felsbildungen in einer Ahnung letzter Tiefen des Natürlichen und letzter Offenbarungen, die es gewährt, das Wort spricht: „Diese zauberhafte Felsenwelt zog mich mit Allgewalt an sich heran... In diesen Lagerungen herrscht eine Regel, eine Schönheit, eine Fülle des Maßes und der Ordnung, daß ich die Wirkung davon unendlich wohltätig in der Seele fühle" – diese Szene bezeugt zugleich, daß alle Natur ihm nur ein Abbild von Ideen ist. Darum ist noch seine tiefste Freude an der Schönheit dieser Welt eine Freude im Vorübergehen. Diese Haltung entspricht dem „genialen Leichtsinn", den nach seiner Meinung der Christ den Dingen der Welt und ihrer Klugheit gegenüber zu besitzen hat. Dem tieferen Blick aber ist Möhler jenen mittelalterlichen Theologen nahe, von denen er selber sagt, „daß sie sich von der inneren Schönheit des Christentums, man möchte sagen, allzusehr bezaubern ließen und dasselbe mit ihren Gedanken allzu fest umschlangen, als daß sie sich von demselben hätten trennen und ihren Blick nach innen auch oft genug nach außen hätten richten mögen".

Wer so den Blick durch alle Erscheinungen hindurch immer wieder nach innen, auf das Wesen und die Idee richtet, ist aufgeschlossen für das Geheimnis der Inkarnation. Gerade Möhler gehört, man möchte fast sagen zu jenen „natürlichen Christen", die von der Welt und dem Menschen nichts mehr verstehen würden, wenn ihnen die Idee der Menschwerdung Gottes entglitte, weil ihnen das ewige Rätsel Mensch nur deutbar wird in Christus, der die innerste und tiefste Mitte der Menschengeschichte ist.

Nun darf freilich Christus nicht nur als Blüte der Menschheit aufgefaßt werden – dies ist Möhlers innigstes Anliegen angesichts seiner Zeit mit ihrer immanentistischen Säkularisation der christlichen Begriffe. Seinem „Athanasius" geht es vor allem darum, mit der Zweinaturenlehre den Kern des Christentums zu retten. Weil Christus nicht etwa die höchste Potenz des Lebens ist, erfährt die Menschheit in ihm nicht ihre letzte Entwicklung im idealistischen Sinne, sondern etwas ganz anderes: ihre Versöhnung mit Gott. „Habt ihr etwa gelesen, daß Johannes der Täufer auf Christus mit den Worten vorbereitet habe: ‚Seid aufmerksam und gebt wohl acht, was jetzt vorgehen wird, denn ihr werdet demnächst zur höchsten Potenz des Lebens erhoben werden?' Nicht doch; vielmehr sagte er: ‚Tuet Buße (das heißt, kehret um, nicht: fahret fort), denn das Reich Gottes nahet.'" Durch nichts kommt aber der abgrundtiefe Unterschied zwischen Welt und Gott theologisch schärfer zum Ausdruck als durch die christliche Lehre von der Sünde und vom Kreuz. An einer der schönsten Stellen in Möhlers gesamten Werk, die zugleich seine ganze Theologie enthält, heißt es: „Wäre Christus die Krone des geschichtlich gegebenen Menschlichen gewesen, die Krone der Weltreiche hätte ihm dann nicht gefehlt; aber welche Krone und welches Zepter ihm geworden ist, wissen wir."

Die Kirche

Aus der Idee der Inkarnation ist Möhlers Lehre von der Kirche gewachsen, seine größte theologische Leistung. Daß es hier um das Innerste seines Denkens geht, daß die Kirche seine „forma mentis aeterna" bedeutet, ist früh erkannt worden. Bedenkt man ferner, daß es sich hier im wesentlichen um eine originale theologische Schöpfung handelt, für die nicht viel Vorarbeit geleistet war, und daß der edelste Geist der vorhergehenden theologischen Ära, Johann Michael Sailer, die religiöse Existenz noch auf das „paradiesische Kabinettchen der Innigkeit" gegründet hatte, dann spürt man gerade hier das Walten des theologischen Genies.

Wenn Möhler in dem Bemühen um die wissenschaftliche Erfassung der Kirche es nicht verschmähte, die Philosophie seiner Zeit sich dienstbar zu machen – Zusammenhänge, in welche die Möhlerforschung immer mehr Licht bringt –, so ist das nicht verwunderlich bei seiner Überzeugung, daß die Logik und Dialektik eines

Heiden so gut sein könne wie die eines Christen. Das heißt aber nicht, daß seine Theologie der Kirche im wesentlichen bestimmt wäre durch die vielerlei Kirchentheorien, die er im deutschen Idealismus rings um sich her erlebte. Es ist sein elementarer theologischer und geschichtlicher Sinn, der ihm aus Schrift und Tradition in lebendiger Verständigung mit der Zeit das große Bild der Kirche erschließt.

Daß Möhler in einer besonderen „participation mystique" fähig war, sich eins zu wissen „mit allen verrauschten Geschlechtern der Vergangenheit", verlieh ihm das besondere Charisma des echten Historikers. Als einer, der aus der geistigen Welt der Romantik kommt, besaß er zudem einen begnadeten Blick für die Gesetze der Gemeinschaft. Was ihn niemals losließ, war das Geheimnis der „nie genug zu enträtselnden Verschlungenheit der einzelnen Menschen in der Menschheit". Tatsächlich gibt es den Menschen nur als den tausendfach in die Welt der Menschen vor ihm und um ihn Verflochtenen. Der Mensch erfährt sich immer in Hinordnung auf die Gemeinschaft. „Alles gemeinsame Leben entsteht und besteht nur durch das Gefühl oder die klare Erkenntnis der Bedürftigkeit und Mangelhaftigkeit unser selbst und die dadurch bedingte Einsicht, daß nur in der Verbindung und dem engsten Anschließen an andere die eigene Beschränktheit und Hilfelosigkeit gehoben werden könne." Oder: „Alle Menschen bilden gleichsam nur einen Menschen." Die Einsicht in diese Zusammenhänge bedeutet die Überwindung der Barbarei, während es den Wilden ausmacht, daß er an eine geistige Autarkie glaubt und sie zu leben versucht; in diesen Thesen hat Möhler sozusagen eine Phänomenologie der Kirche gegeben, ihre Grundlegung aus sozialphilosophischen Prinzipien heraus, als deren großer Klassiker ihm der heilige Paulus gilt. Die Kirche ist zunächst ein Postulat aus der Tatsache, daß der Mensch nur in leiblicher und geistiger Gütergemeinschaft existiert.

Die Kirche wird aber erst verwirklicht durch positive göttliche Stiftung, dadurch nämlich, daß Christus diese Gemeinschaft anordnete. „So ist denn die sichtbare Kirche ... der unter den Menschen in menschlicher Form fortwährend erscheinende, stets sich erneuernde, ewig sich verjüngende Sohn Gottes, die andauernde Fleischwerdung desselben, so wie denn auch die Gläubigen in der

Heiligen Schrift der Leib Christi genannt werden." Dadurch also, daß der im Menschen liegende Trieb durch die Anordnung Christi aufgenommen und vollendet wird, wird die Kirche zum positiven historischen Faktum. Dieses Moment des Faktischen und Historischen macht sie zur Autorität und bedingt, daß sie nicht aus der Vernunft allein hergeleitet werden kann, „weil die Vernunft aus sich nicht bestimmen kann, was ein Faktum ist und wie beschaffen. Das Christentum aber ist ein Faktum."

Aus dieser „Konstruktion" der Kirche wird Möhler alles Einzelne des kirchlichen Daseins begreiflich, das Wort, der Kult, die Hierarchie. Aber nicht nur die Fragen nach dem Wesen der Kirche im engeren Sinn erfahren von daher ihre Beantwortung, sondern seine ganze Theologie wird von diesem Kirchenbegriff her aufgebaut. Möhler weiß, daß gegen eine solche totale Ekklesiologie Widerstand zu erwarten ist: „Ich höre die Verachtung aussprechenden Worte: Nichts als Kirche, Kirche, Kirche. Und ich antworte: Es ist nicht anders und kann nicht anders sein; denn ohne Kirche haben wir keinen Christus und keine Heilige Schrift."

Im Zusammenhang damit ist Möhlers Auffassung des Sakramentalen für heutige Fragestellungen von erhöhtem Interesse. Das Sakrament gehört zu jenen christlichen Gegebenheiten, die ihm besonders am Herzen liegen. Bei seiner These, daß das Innere sich immer notwendig im Äußeren darstellen müsse, ja daß dieses Äußere erst die Vollendung des Inneren sei, muß ihm das Sakrament als eine fast notwendige Institution der Kirche erscheinen. Daß Möhler dabei das Sakrament von Anfang an mindestens ebenso als eine Entsprechung der sozialen Natur des Menschen wie seiner leibseelischen Doppelnatur sieht, bedeutet den Ansatz zu einer Betrachtung der sakramentalen Welt, wie sie erst heute wieder in ihrer Bedeutung erkannt wird. Was in der „Symbolik" über die Sakramente im menschlichen Leben gesagt ist, führt in Tiefen des sakramentalen Verstehens, um die man sich erst in neuerer Zeit wieder bemüht. Das Sakrament als Symbol ist sozusagen ein spontaner Ausdruck des Gemeinschaftslebens der Kirche und ein Kriterium seiner Stärke. „Hochkräftige Geschlechter strahlen auch so ihr inneres Leben auf künftige Generationen hin, die, vielleicht kraftlos, nicht bilden, nur empfangen können: wenn sie aber nur die Fähigkeit besitzen, zu verstehen, was jene schufen, so erzeugt es in ihnen dasselbe Leben wieder, das dort sich aussprach." – „Kraftlose Zeiten und Menschen können keinen Kultus wie keinen Lehrbegriff schaffen, ja sie sind ihm abhold; in ihnen ist alles zu schwach, als daß sich etwas bestimmt markieren und freudig und munter ins Sichtbare treten könnte ..." Von diesem immer aus der Tiefe der Kirche gespeisten Denken her kommt Möhler zu einer Auffassung des Sakramentes, die sich – wenn auch von anderen Ausgangspunkten – den Voraussetzungen der Mysterientheorie nähert. Die Gegenwärtigsetzung des Kreuzes Christi im Sakrament versteht er so, daß ein Teil für ein organisches Ganzes gesetzt werde, daß also im Grunde immer der ganze und lebendige Christus gegenwärtig werde und handle.

Kirche und Staat

Wie steht nun diese Kirche, die als Fortsetzung des Lebens und Wirkens Christi selbst verstanden wird, zur Welt? Sie hat die Gewähr, daß sie als Erscheinung des Göttlichen nicht untergehen kann. Diese Kirche lebt ihr großes Leben und ist darin sich selbst genug. Sie empfängt ihre innere Sicherheit und Sieghaftigkeit aus der Erfülltheit ihrer lebendigsten Glieder mit Christus. „Auch ist nicht zu zweifeln, daß Christus seine Kirche mittels derjenigen in siegreicher Kraft erhält, die in seinem Glauben leben, ihm mit Geist und Sinn angehören und seiner Wiederkunft sich erfreuen; es ist nicht zu zweifeln, daß diese die Träger seiner Wahrheit sind und daß ohne sie dieselbe zuverlässig vergessen, in lauter Irrtum übergehen oder in ein hohles leeres Formelwesen sich verwandeln würde. Ja gewiß diese, die Unsichtbaren, die in das Bild Christi Übergegangenen und Vergöttlichten, sind die Träger der sichtbaren Kirche: Die Bösen in der Kirche, die Ungläubigen, die Scheinheiligen, tote Glieder am Leibe Christi, würden keinen Tag die Kirche, selbst in ihrer Äußerlichkeit, zu bewahren vermögen." Möhler besitzt ein unermeßliches Vertrauen in diese geistigen und religiöser Kräfte der Kirche. Darum soll sie sich ganz in sich sammeln und aus ihrem Innersten heraus leben. Sie kann auf äußere Hilfe verzichten, um so mehr, als diese immer allzu leicht zur

Fessel der Kirche wird. „Die Kirche besteht nicht in Äckern und Wiesen, in Gold und Silber, in Mauern, Burgen und Palästen; ihre Schätze sind der Glaube, die Hoffnung und die Liebe. Man kann ihr alles andere nehmen, und sie bleibt dennoch reich, wenn sie gläubige, hoffnungsvolle und liebereiche Seelen hat, die fest an der Kirche hängen."

Es ist Möhler immer unerträglich, wenn die Ordnungen verwischt werden. Seine Theologie, die ja Gott und Welt auseinanderhält, ohne sie zu trennen, gibt ihm die Möglichkeit, klare Prinzipien für die Stellung der Kirche zur Welt zu finden. Nach dieser Theologie haben die irdischen Bereiche ihr Recht und ihre Selbständigkeit, die ihnen die Kirche nicht streitig machen kann. Dieses große Problem spiegelt sich am deutlichsten im Verhältnis von Kirche und Staat. Möhlers Gedanken hierüber sind von einer Aktualität, die eine intensive Beschäftigung mit ihnen dringend gebietet. „Der, der alles leitet, fügt es, daß seine ganz eigentümliche Stiftung, die christliche Kirche, durch den Staat, in welchem sie aufkeimte, beinahe dreihundert Jahre hindurch in unsäglichen Jammer, unausgesetzte Schrecknisse und Not versetzt wurde: Sie sollte lernen, ein eigentümliches Leben zu führen und auf sich zu vertrauen; alle die Formen sollten sich aus ihrem Wesen heraus entwickeln, die diesem am angemessensten sind, die dazu erfordert wurden, in heiterer, freier, edler Selbständigkeit stets sich zu bewegen, und in ihrer Verschiedenheit vom Staat ein ewiges Zeugnis abzulegen von ihrer höheren Würde, von ihrem unmittelbar göttlichen Ursprung, von der Verschiedenheit des Ewigen und Zeitlichen, auf daß niemals mehr jenes durch dieses verhüllt und gefangengehalten werde. Dieser Gegensatz des Ewigen und Zeitlichen repräsentiert sich in der Verschiedenheit und in dem Gegensatze zwischen Kirche und Staat: In der vorchristlichen Zeit war Gott und Welt, Geist und Leib, darum notwendig Staat und Kirche ineinander aufgegangen. Das Geistige und Ewige wurde in seiner Freiheit und Priorität nicht anerkannt. Um dieses zur Anerkenntnis zu bringen, bedurfte es eines harten dreihundertjährigen Kampfes, der aber nie ganz aufhören wird. Wie aber zwischen dem Ewigen und Zeitlichen, zwischen dem Geistigen und Leiblichen keine absoluten Gegensätze stattfinden, so findet auch kein absoluter Gegensatz zwischen Staat und Kirche statt ... Wie die allgemeine Offenbarung Gottes in der Welt und die besondere im Christentum sich nicht widersprechen, sondern vielmehr jene durch diese zur Anerkennung gebracht wird, so widersprechen sich die unmittelbare Gründung der christlichen Kirche durch Gott und die mittelbare Stiftung des Staates durch Gott auch nicht; jene bringt vielmehr auch diese zur Anerkennung und beweist ihre Würde: Nur die Vergötterung des Staates wie der Welt im Heidentum sollte aufhören. Die höhere Einheit zwischen Staat und Kirche liegt demnach darin, daß beide Stiftungen Gottes sind. Wie aber die Stiftung der christlichen Kirche und die besondere Offenbarung Gottes in ihr nie mit der allgemeinen Offenbarung Gottes darf vermischt werden, damit nicht wieder Gott selbst in der Welt untergehe, so darf auch die Selbständigkeit der Kirche, das Bewußtsein, daß sie eine unmittelbare Gründung Gottes sei, dem Staate gegenüber nicht untergehen, damit auch dieser als göttliche Stiftung stets anerkannt werde." „So muß demnach stets der Staat die selbständige Würde der Kirche achten, damit seine Würde geachtet wird." Es muß ein Verhältnis zwischen Staat und Kirche gefunden werden, das weder Vermischung noch Trennung ist. Die theologisch geforderte Verschiedenheit von Staat und Kirche schließt eine wahrhaftige, religiös wie staatspolitisch förderliche Verbindung von Staat und Kirche keineswegs aus. Die Kirche ist auf den Staat schon insofern angewiesen, als er durch die Aufrechterhaltung der äußeren Ordnung die Voraussetzung für die Erfüllung der sittlichen Aufgaben der Kirche schafft. „Aufgeben aber sollte man es einmal, den Ausdruck Staat im Staat so zu gebrauchen, daß man mehr damit schrecken als dabei denken will."

Möhler zweifelt nicht, daß die mittelalterliche Verbindung weltlicher und geistlicher Macht das Gefährlichste für Kirche und Staat war. Jene Verbindung war gewiß ehrenhaft für die Kirche, aber „dessenungeachtet ist es etwas Unnatürliches, und nur beim Papst kann die Vereinigung fortdauernd gewünscht werden, aber nicht an sich, sondern nur um der Immoralität der Menschen willen. Ließe sich denken, daß das päpstliche Ansehen unangetastet und frei sich erhalten könnte, ohne daß der Papst zugleich unabhängiger Fürst wäre, wer würde nicht wünschen, daß er bloß das Oberhaupt der Kirche wäre und seine ganze Tätigkeit dieser widmen könnte? Diesen Fall ausgenommen, ist es durchgehends besser, daß die Bischöfe bloß noch Bischöfe sind." Neben anderen aufschlußreichen Äußerungen Möhlers zu dieser Frage wirkt jene, die Beda Weber überliefert hat, am unmittelbarsten: „Schon aus den Tagen des Adam Müller her glaubte ich fest, daß die Kirche als sichtbarer Ausdruck der Heilseinrichtung durch Christus selbständig und aus ihren eigenen Mitteln verteidigt werden müsse, aber nie als Folie oder Unterlage politischer Doktrinen gebraucht oder gemißbraucht werden dürfe. Die politischen Baumeister mögen selbst zusehen, wie sie mit ihrem Absolutismus oder Konstitutionalismus, mit ihrer Monarchie oder Republik fertig werden. Man leistet unserer Kirche einen schlimmen Dienst, wenn man sie in die Bahn des Kampfes leitet, wo leider, wie wir alle Tage sehen, alles Ungeschick der Politik, alle nötige oder überflüssige Reaktion, alle Sünden des Unverstandes im Regiment auf dieselbe als vermeintliche Staatslehrerin zurückfallen und die heiligsten Interessen des Menschen gefährden. Dadurch geraten die ehrlichen Streiter unmerklich in die Gesellschaft solcher, welche ihre politische Weisheit durch das Ansehen der Kirche stützen wollen, ohne die Kirche selbst aufrichtig zu ehren und durch heiliges Leben den Ruhm derselben zu erhöhen. Und weil man ohne wahrhaft christliches Gefühl eifert, so fließen Ausdrücke, Übertreibungen, Sophistereien ein, die ein von Jesus und seiner Kirche durchdrungener Christ nie gebraucht haben würde; und den Haß, welchen sie aufregen, muß der ehrliche Verfechter der Wahrheit mittragen und die Kirche unschuldig mitleiden ... Mir graut vor der Mißhandlung des Glaubens selbst, der sich oft heimlich recken und strekken muß, um ein tauglicher Knecht dieser Politiker zu werden." Die wesenhafte Verschiedenheit von Staat und Kirche findet für Möhler ihren anschaulichen Ausdruck im Zölibat. In ihm kommt zur Erscheinung, daß die Kirche einer anderen Ordnung angehört als der Staat. Die Ehelosigkeit des Priesters ist ein Zeichen des Jenseitigen in der Kirche.

Die Überlegungen, die Möhler an die Spitze seiner Vorlesungen über Kirchengeschichte zu stellen pflegte, behandeln ein Problem, das ihm wie nichts sonst am Herzen lag. Er hat sich als ursprünglichen Historiker schon durch das bekannte Wort ausgewiesen, er wolle lieber überhaupt nicht glauben, als nicht an Entwicklung glauben. „Die Heiden bewegen sich im Kreise", sagen die Väter mit dem Psalm. Der ewige Kreislauf ist eine wahrhaft „verzweifelte Vorstellung" (Theodor Haecker), der sich als christliche These der Satz Möhlers entgegenstellt: „Wir haben einen bestimmten Ausgangspunkt und ein bestimmtes Ziel; alle Weltereignisse, groß und klein, bewegen sich in einer Richtung nach einem gemeinsamen Punkte hin." Dieses Wort steht wie eine feierliche Einleitung über dem Römerbriefkommentar Möhlers (dieses nachgelassene Werk ist leider vom damaligen Herausgeber bis zur Unkenntlichkeit entstellt worden, aber die angezogene Stelle darf für echt gelten, nicht nur weil solche Gedanken und solche Sätze nicht auf Reithmayrschem Boden wachsen, sondern auch weil sie von vielen ähnlichen Stellen gestützt wird). Es ist ein schöner Text, und er verdient es, ungekürzt hier zu stehen: „Jesus Christus ist das A und O, der Anfang und das Ende, der war, ist und sein wird, der alles trägt durch das Wort seiner Macht. Um ihn, den unbeweglichen Mittelpunkt der gesamten Schöpfung, laufen die Zeiten her, dreht sich die Geschichte mit ihren Evolutionen. Ihm tragen die Geschlechter der Jahrtausende die Resultate ihrer physischen und geistigen Bestrebungen zu. Das Einheitsband aller Wesen ruht in seiner Hand; alle Kreatur frönt Ihm, es sei mit Freiheit und Bewußtsein oder auch nicht; und alle Weltereignisse, groß und klein, bewegen sich in einer Richtung nach einem gemeinsamen Punkte hin – dem ewigen Plane Gottes, das Himmlische und Irdische, Unsichtbare und Sichtbare durch und in Christus zur Einheit miteinander, und durch ihn zur seligen Vereinigung mit sich zu erheben. Die Verwirklichung oder verkörperte Erscheinung dieses göttlichen Schöpfungs- und Erlösungsplanes ist das Himmelreich – die Kirche; diese darum die bewegende Mitte der Welt- und Völkergeschichte."

Man sieht, es ist alles andere als eine untergeordnete Rolle, die

Möhler der Kirche im Spiel der Geschichte zugedacht hat. Diese Auffassung hängt zutiefst mit dem Wesen der Kirche zusammen, wie Möhler sie sah. Für ihn ist mit Christus immer auch Gemeinschaft, auch Kirche gesagt, da Christus der Ausdruck des großen Zusammen der Menschheit ist: einerseits die geschichtshafte Antwort Gottes auf die menschliche Gemeinschaftsanlage, anderseits erst die Ermöglichung wahrer Gemeinschaft. Als Gemeinschaft verwirklicht sich die Kirche im Laufe der Zeiten, also durch die Geschichte hin, in Glaube, Gnade, Kult, Sakrament und Liebe. Und noch wo sie über den unmittelbar religiösen Kreis hinauswirkt, wo sie Welt ergreift und formt, gelingt ihr das nur in Kraft der Gemeinschaft. Man muß die schöne und wichtige Stelle in den Gesammelten Schriften I, 260f., nachlesen, wo Möhler über die kulturelle Kraft der Kirche spricht und übrigens nebenher eine sehr gewichtige theologische Äußerung zu dem Phänomen Goethe niedergeschrieben hat.

Deshalb hatte Möhler, wie schon gesagt, auch immer einen Blick für die Würde des Staates. Seine Widerlegung der Rousseauschen Vertragstheorie in einem frühen Vortrag ist immer noch spannend zu lesen. „Es war einer der größten Fortschritte der philosophischen Staatswissenschaft, daß sie zur Einsicht gelangte, der Mensch vermöge sich nach allen möglichen Richtungen hin nur im Staate zu entwickeln, seine ursprüngliche und wesentliche Einrichtung bestimme ihn demnach schon für das Gesamtleben im Staate, welcher also auf einer rein menschlichen und zugleich göttlichen Notwendigkeit beruhe. Hieran knüpfte sich die weitere Erkenntnis, daß selbst die Begriffe Recht und Vertrag schon den Staat voraussetzen, ohne ihn völlig undenkbar seien, und darum der Staat selbst seinem inneren Wesen nach nicht als Vertrag aufgefaßt werden könne." Möhler ist überzeugt, „daß mit der Idee des Menschen die des Staates zugleich gegeben sei ..., daß jener seine höchsten Zwecke und gerade diese vor allen andern nur im Staate verwirklichen könne".

Nach Möhlers Überzeugung verhindert eine wesentliche Spannung in dem Verhältnis zwischen Kirche und Staat die Gleichgewichtslage der Erstarrung. „Das Gleichgewicht im Leben zu halten, ist aber schwer: wenn es sein wird, gibt es keine Geschichte mehr, und so lange es war, gab es keine Geschichte." In der Spannung kommt nur das Gesetz gleichnishaft zum Ausdruck, daß der Mensch sich in Kampf und Entscheidung verwirklicht, weil ihm als adeligste Mitgift die Freiheit gegeben ist. „Auch sie ist ein Faktor der Geschichte." Exemplarisch ist dieser Kampf ausgetragen worden zwischen der Kirche und dem alten Rom, „wo das Herz der von Gott abgekehrten Welt pulsierte, und das so der Inbegriff und das Bild jener heidnischen Verschlossenheit gewesen ist." „Rom, die Beherrscherin der Völker, war der Sammelpunkt und Sitz des Heidentums, war in religiöser Beziehung die Gemeinde für alle, die Buhlerin, an die sich alle hingen, die hinwiederum keinen verschmähte. Getroffen ist das Bild, welches die Apokalypse davon zeichnet. Aber eben hier, wo alles Heidnische von fernher in Eines verschmolzen und verwachsen, wo das Herz der von Gott abgekehrten Welt pulsierte, wo das Machtschwert aller Könige und Völker aufgehoben lag, mußte seinerzeit der Kampf zwischen diesem abgöttischen Welt- und dem christlichen Gottesreiche auch am heftigsten entbrennen. Die beiden einander nicht bloß ausschließenden, sondern auch wechselseitig bekämpfenden Prinzipien mußten das Christentum, welches auf Anerkennung und Verherrlichung Gottes und seines Eingeborenen in der Welt hinarbeitet, mit dem heidnisch-römischen Staatsprinzip hart aneinander bringen, und der römischen Kirche ward die Aufgabe, den Entscheidungskampf mit dem riesenhaften Gegner auszuringen. Der geistige Widerstand, der hier geleistet, der Sieg, der hier erstritten ward, galt dem ganzen Heidentume und seiner zauberhaften Gewalt, mit der es die Nationen der Erde an sich gebannt; er galt hinwiederum der Freiheit und dem Triumph der Wahrheit, galt der ganzen Christenheit und der Regeneration der Welt durch das Kreuzeszeichen."

Mit solchen Erkenntnissen gerüstet, bearbeitete Möhler den historischen Stoff. Die Grundsätze, die ihn dabei leiten, sind die der großen Historiker. Es geht ihm allezeit um die Erkenntnis der inneren Verflechtung des Geschehens, um pragmatische Geschichtsschreibung, und darum kann er nur Spott übrig haben für das klägliche Unterfangen, Historisches zu deuten ohne die Kenntnis dieser innern Ursachen und Kräfte: „... wie wenn jemand Napoleons strategisches Genie aus den militärischen Talenten seines Küchenjungen, Stiefelputzers und Kammerdieners zusammensetzen wollte." Doch ebenso verhaßt ist ihm eine Geschichtsbetrachtung, die auf jener niederen Stufe des Interesses stehenbleibt, wo die Historie zum Histörchen wird, jener allzeit lebendig gebliebenen Gefahr der Anekdotenschreibung, die heute und immer mit der Anekdote groß machen will, was in sich nicht den Rang des Großen hat und mit dem pikanten Geschichtchen wenigstens dem beikommen will, was in unbeirrbarer Größe der schmähsüchtigen Verkleinerung trotzt. „Immer bezeichnet es einen Mann von kleinlichen Weltansichten, der sich seiner eigenen Schwäche halb bewußt ist, und keine ehrfurchtgebietende innere Kraft entwickeln zu können fühlt, wenn er nach Anekdoten hascht und vermittels dieser bekämpfen will, wozu Gründe nicht ausreichen."

Möhler hat nie gezögert, mit dieser wie jeder andern Sünde gegen Methode und Geist der Geschichtschreibung scharf ins Gericht zu gehen. „Wenn man die Ereignisse früherer Zeiten beurteilt, geht man im allgemeinen von zwei Standpunkten aus. Entweder richtet man den fraglichen Stand der Dinge nach absoluten Normen, nach welchen die allgemeinen Verhältnisse des Lebens geordnet sein sollten, oder man versetzt sich mitten in die Zeit hinein, welche man beurteilen will, und schaut alle Ergebnisse und Entwicklungen in dem gegebenen Zusammenhang an, in welchen sie verflochten sind, und betrachtet sie also in ihrer historischen Notwendigkeit. Der erste Standpunkt ist der eines Zensors, nicht eines Geschichtsforschers oder Geschichtsschreibers. Aber gesetzt, daß die Normen, die man zur Beurteilung anlegt, nicht selbst bloß Abstraktionen einer einseitigen Ordnung der Dinge sind, in der man eben lebt, und in welcher man sich gefällt, sondern daß sie die Ordnung an sich enthalten, so kann die Ausübung dieses Zensoramtes zu wichtigen, ergreifenden Resultaten führen. Die allgemeine Sündhaftigkeit des Geschlechtes wird uns in einer furchtbaren Größe erscheinen; denn nirgends werden wir die absolute Ordnung finden. Diese Weise, die Geschichte zu betrachten, geht aber häufig in Denkfaulheit aus und führt zu derselben. Wenn man in den allgemeinsten Umrissen eine Zeit kennengelernt, legt man seine paar leicht erworbenen allgemeinen Zauberformeln als Richtmaß an, und in fünf Minuten ist das Gericht gehalten! In die Wurzeln der Ereignisse hinabzusteigen, diese aus jenen herauszuholen, durch Stamm, Äste und Verzweigungen fortzuführen, hält man nur zu leicht für unnötig. Die oberflächlichsten Ansichten von ganzen Zeitaltern entstehen auf diese Weise, während man recht tief zu gehen meint, indem man ja nach der absoluten Norm geurteilt hat. Eine Folge dieser zensorischen Geschichtsbetrachtung ist gewöhnlich auch diese, daß man Männern einer bestimmten Zeit Vorwürfe der Stupidität macht, weil sie nicht so viel wußten, als man zu unserer Zeit weiß. So kann ein Mann unserer Zeit im Besitze der ihm mechanisch, ohne alle eigene Geistestätigkeit in der Schule beigebrachten Kenntnisse den Bonifatius belächeln, weil er nicht wußte, daß es Antipoden gab; während er vielleicht selbst zur Zeit des Bonifatius mit seinen Talenten sich nicht über das Eichelessen erhoben hätte; oder er mag spotten über die Gedichte des Alkuinus, während er vielleicht im achten Jahrhundert, wie jener amerikanische Inka, einen Brief an das Ohr würde gehalten haben, meinend, der Brief rede, weil ihm nicht begreiflich war, wie man sonst die Gedanken eines andern aus dem Briefe erfahren könne. Am schlimmsten aber ist es, wenn man sogar Männer, die nicht nach unsern Einsichten, Ansichten und Grundsätzen handelten, eines schlechten moralischen Charakters beschuldigt. Man denkt sich dieselben, wie wenn sie in abstracto gehandelt hätten, ohne alle bestimmenden Verhältnisse oder in Verhältnisse gesetzt, wie die unsrigen sind. Weil sie nun nicht nach der Weise unserer Zeit wirkten, so müssen sie schlecht und böse gehandelt haben. Aber ein jeder Mensch ist in gewisse Verhältnisse gesetzt, von einer historischen Notwendigkeit umgeben, die ihn gefangen hält; nach dieser und seinen freien Motiven muß er beurteilt werden. Es kann darum ein Historiker die Päpste des Mittelalters verteidigen und zu gleicher Zeit der strengste Gegner derer sein, die die mittelalterlichen Päpste für unsere Zeit zurückwünschen. Das Letztere wollen, wäre Unverstand und zugleich ein an sich unmögliches Bestreben."

Aus dieser Deutung der Geschichte gewinnt Möhler seine letzte Haltung in den schweren und manchen verzagt machenden Fragen der Geschichte. Diese Haltung heißt mit einem Worte Zuversicht. Der Groll gegen den Geschichtsverlauf – eine häufige Sünde gegen den Glauben – und das sich selbst vergiftende Ressentiment sind stehende Gefahren der Christen. Möhler stellt sich der Wirklichkeit und besteht ihr Dunkel, gewappnet mit jener Zuversicht, die dem Glauben an die Vorsehung und der Hoffnung auf Gott entstammt. Gerade als Historiker ist er ein Führer für Verzagende, der, versehen mit dem Wissen um den Sinn der Geschichte, in jedem Augenblick sein Ja zum konkreten geschichtlichen Verlauf spricht und sprechen lehrt. Erst, wer den Sinn der Geschichte glaubt, hat Gegenwart, flüchtet sich nicht in die Romantik des Traumes vom Gestern und rettet sich nicht in die Fata morgana eines not- und lastbefreiten Morgen. Die Geschichtsgebundenheit der Kirche fordert, daß die Christen lernen, jeder Zeit neu und ursprünglich zu begegnen, damit immer neue Seiten des Offenbarungsgutes in diesem Prozeß hervorgetrieben werden, damit die Kirche immer reichere Züge gewinne, bis sie zum Vollalter Christi gelange (vgl. Eph 4, 13).

Eine „Theologie deutsch"

Dies ist das Bild der Kirche, welches der genialste deutsche Theologe der neueren Zeit entwirft. Sie geht, ein stetes Zeugnis des Ewigen, ihren Weg durch die Zeit. Hineinverwoben in diese Welt, wird sie nie von ihr überwunden, weil sie unüberwindbar ist. Sie allein kann nicht sündigen. Mag auch die konkrete Christenheit der Idee des Christentums tausendmal nicht genügen, so kann dies weder die Größe noch den Anspruch des Ideals aufheben. „Den Katholiken dünkt es das trivialste Beginnen, wenn dergleichen Kirchengemälde, wie wir eines zu geben versucht haben, als Ideale, denen noch nirgends auf Erden eine Wirklichkeit entsprochen habe und wohl auch künftig nie vollkommen entspreche, bespottet werden: in der Tat könnte ihnen kaum etwas gesagt werden, was sie schon so sehr von selbst wüßten, als daß die Idee nicht die gemeine Wirklichkeit sei und umgekehrt; sie wissen aber auch, daß, wo der Wirklichkeit keine Idee zugrunde liegt, ebensowenig Wahrheit sei als dort, wo der Idee nichts Wirkliches entspricht. Sie sind überzeugt, daß, wenn in obiger Weise die Lehre von ihrer Kirche im Ernste angegriffen werden sollte, man auf eben diesem Wege das Evangelium selbst bekämpfen könnte, indem man nur sagen dürfte: trefflich sei wohl alles und wunderbar, was in demselben von den heiligen Gesinnungen und dem gottgefälligen Wandel gesprochen werde, welchen die Christen haben sollen; ob sie ihn aber in der Tat hätten? Hierauf komme es an. Alles muß aus Idealen leben, denen sich die Gemeinheit selbst entzieht; wie könnte sie sonst wohl noch Gemeinheit sein! Die Worte des Herrn: ‚Seid vollkommen, wie euer Vater im Himmel vollkommen ist!', werden darum noch nicht zunichte, wenn auch kein Mensch Gott gleicht; wehe dem vielmehr, der das Ideal deshalb verwerfen wollte, weil er es unter Menschen doch nicht vollkommen dargestellt findet." Von ihren Idealen und ihren Forderungen kann die Kirche nie etwas preisgeben, denn es sind nicht die ihrigen, es sind die Jesu Christi, dessen sichtbare Autorität in der Welt sie ist. Was nützte es also, wenn die Kirche ihr Gesetz in falscher Nachgiebigkeit den Wünschen der Menschen zum Opfer brächte, „da diese vor dem künftigen Gerichte nicht nach dem Preußischen Landrechte, sondern nach dem Gesetzbuche des Evangeliums werden gerichtet werden". Darum wird sich die Kirche „lieber von einem bildungsunfähigen, ihren religiös-sittlichen Idealen grundsätzlich und ihr ins Angesicht widersprechenden Geschlechte zurückziehen, als ihre höhern Gesetze, die sie dieser niedern Welt einprägen soll, verlassen, im festen Vertrauen, daß ihr anderwärts ein empfänglicheres Geschlecht zur Bildung nach ihrem göttlichen Geiste zugewiesen werde. Der Geist des Christentums pflegt sich von jenen entsittlichten und in ihrer Sündlichkeit verstockten Völkern, nachdem er alles, was in denselben rettungsfähig ist, an sich gezogen, zurückzuziehen und sie ihrem eigenen Verderben zu überlassen. Wie ehedem die Kirche den Orient, Asien und Afrika verlassen hat, um sich nach dem Abendlande und dem Norden zu wenden, so könnte ihr im äußersten Falle wohl auch wieder die Weisung werden, den Wanderstab aufs neue zu ergreifen und tüchtigere und kräftigere Völker aufzusuchen."

Die religiöse Krise des Westens ist in aller Munde. Aber wer ist beherzt genug, ihre mögliche beunruhigende Perspektive mit dem Mute dieses Theologen zu bedenken!

Unbeirrt verficht Möhler, ein wahrer Theologe, die Sache Gottes und seiner Kirche in dieser Welt. Tief durchdrungen von der absoluten Souveränität und der Macht Gottes, seinem Ratschluß

Raum zu schaffen in der Welt, kann er jede Säkularisation dulden, nur jene letzte nicht, die das Religiöse selbst säkularisiert. Wir aber haben heute doppelt Grund, die Thesen Möhlers noch einmal zu überdenken. Wahrhaftig hier besitzen wir eine „Theologie deutsch", die wir nach hundertfünfzig Jahren erneut lebendig zu machen haben.

THEODOR HAECKER

(1879–1945)

Ein persönlicher Dank

„Wo kommen wir hin, wenn wir ‚den Menschen' für einen allgemeinen, abstrakten Begriff erklären, was er auch sein kann, aber übersehen, daß er, ‚der Mensch', auch eine göttliche Idee ist und also eine Tiefe des Seins, und also eine gewaltige Realität. Die Menschwerdung, dieses zentrale Faktum unseres Glaubens, in welchem und durch welches allein der Mensch als ‚Mensch', als Ebenbild Gottes jenseits aller Unterschiede der Geschlechter, der Rassen und Völker, der Stände und Klassen für ewig gerettet ist, gibt uns anderseits das Recht, ja die Pflicht, jenes Humane, das in offenbarer, vor aller Augen liegender Weise durch Christus selber und später durch seine Kirche, die sein mystischer Leib ist, sanktioniert und mit Übernatur durchdrungen wurde, mit aller Kraft zu wahren und als unsere geistige und physische Heimat zu verteidigen." Diese Sätze Theodor Haeckers, geschrieben in der Mitte seines schriftstellerischen Weges, sind sein Thema an dessen Anfang und an dessen Ende. Heute, da allen die Augen aufgegangen sind, kann man nur die schmerzliche Frage stellen, warum, warum hat die Nation nicht auf ihn gehört? Und diese Frage präzisiert sich näherhin zu der anderen: warum hat die geistige Jugend Deutschlands nicht auf ihn gehört, die Jugendbewegung also etwa? War sie denn tragisch unempfänglich für die geistige Leidenschaft dieses Schriftstellers, für die unvergleichliche Reinheit seiner geistigen Haltung? Durchschaute sie nicht die geistige Erbärmlichkeit dessen, was da heraufzog? War sie so verdorben durch den Rausch der Gefühle, durch den unreinen Kult des Lebens, daß sie an Haecker vorbeiging, so daß sie dann allzu rasch der Betörung und dem Gaukelspiel der Macht- und Lebensphilosophien und dem Untergang erliegen konnte? Das ist eine ernste Frage, wenn auch nur eine Teilfrage des deutschen Verhängnisses. Es ist die

Angst vor dem Geistigen und der Hang zum Seelischen, das seine Würde hat, gewiß, durch seine wunderbare Fülle, das aber auch seine Gefahr hat, eben wo es nicht mehr gebunden und geordnet, durchstrahlt ist vom Geiste. „Denn das Plebejische im Spiritualen ist die eigentliche Niedertracht des Deutschen, seine eigentliche Versuchung."

In Theodor Haecker, dem Schwaben aus Eberbach bei Künzelsau besaß Deutschland einen gewaltigen Schriftsteller. Man sollte es nicht für möglich halten, daß sich irgendein empfänglicher Mensch seiner Wirkung hätte entziehen können. Denn Haecker sprach als Schriftsteller ja nicht von irgendwelchen entlegenen Dingen, er sprach von den bewegenden und erregenden Fragen der Zeit, und er sprach nicht mit der tötenden Langeweile, die leider oft die Art derer ist, die am meisten zu sagen hätten, deren erloschene Worte aber nicht zur Wirkung kommen; sondern er sprach so, daß jeder seiner Sätze wie ein Brand lohte. Und er sprach nicht, ganz bestimmt nicht in jener Unverbindlichkeit, die die lähmende Atmosphäre der heutigen Literatur ist, wo nur Meinung gegen Meinung steht und wo alle recht haben, sondern er sprach in Thesen, in Sätzen, wenn man will in aufreizenden und herausfordernden Thesen, aber doch so, daß es eine himmlische Wohltat ist, zu wissen, woran man ist. Denn er war im Sinne Kierkegaards nicht ein Prämissenschriftsteller, sondern ein Schriftsteller der eindeutigen Konklusion.

Seinen Rang als Schriftsteller empfängt Theodor Haecker aus seiner Sprachmeisterschaft. Wenn wir Deutschen ein Organ hätten für Sprachwerte, so müßte Haecker einfach schon um seiner Sprache willen zu den erlauchtesten Geistern der Nation gezählt werden, noch ganz abgesehen von dem, *was* er zu sagen hat, wenn natürlich auch die Aussage und ihre Form nicht voneinander zu trennen sind, sondern in einer sehr innigen Weise wechselseitig aufeinander wirken. Kein Zweifel, seine Sprache war in der frühen Zeit noch lebendiger, noch bewegter, noch funkelnder und in einem unmittelbaren Sinne schöner als in der letzten Phase seines Schaffens, wo sie zuweilen recht grüblerisch und in sich verstrickt ist, aber immer pulst es und wogt es in diesen Sätzen, als wären sie aus Lava geschaffen, und immer schwingen sich die Sprachbrükken seiner großartigen Perioden von Höhe zu Höhe des Gedankens über Abgründe des Gedankens. Freilich, gerade das wurde dem lesenden deutschen Publikum, das auf bequemeren sprachlichen Gehsteigen zu flanieren gewohnt war, oftmals zum Ärgernis. Es ist immer das alte Lied: wer dem verschlungenen und steilen Pfad nicht zu folgen vermag, der grollt dem Berg. Zugegeben, daß die Sprache Haeckers beim ersten Lesen fremd wirken mag, aber bald müßte einer doch merken, daß er selber da ins Gespräch gezogen ist, daß hier zwar nicht die platte Sprache des Tages, wohl aber in einem sehr genauen Sinn die Sprache der Zeit gesprochen wird, und nicht eine Privatsprache, in der manche, denen die Originalität über alles geht, den Gipfel sprachlicher Leistung zu erblicken scheinen. „Jede Zeit versteht zunächst und unmittelbar nur ihre eigene Sprache", heißt es bei Haecker, „durch sie hindurch dann vielleicht die Sprache der Ewigkeit und erst durch beide hindurch die Sprache anderer Zeiten vom Ewigen. Es ist verfehlt, zu meinen, man könne auf sie sofort durch die Sprache vergangener oder eben vergehender Epochen wirken oder durch bloßes Auffrischen, künstliches Modernisieren solcher Sprachen, auch wenn sie klassisch wären – zunächst muß man die eigene Sprache des Zeitgeistes sprechen, wie der Apostel selbst auf dem Areopag vor den Athenern." Wir sagten, daß Haeckers Sprache nie den Charakter des Gesprächs verliere, und in der Tat sind manche seiner Schriften eigentliche Dialoge, aber auch wo dieses formale Kriterium fehlt, ist der heimliche Partner immer gegenwärtig. Und vielleicht ist das ein Besonderes des christlichen Schriftstellers, der auch in der Sprache, bis in die Sprache hinein, ein Christ ist, denn ihm ist das Du mitgegeben, wie ihm immer die Dinge mitgegeben sind (und darum, weil die Dinge bei ihm deutlicher zu Wort kommen, hat Haecker Adalbert Stifter rein sprachlich über Gottfried Keller gestellt). So gibt es für den Christen nicht die Sprache an sich, die „reine Sprache" sozusagen, mit der sich ein bestimmter Typus von Schriftstellern und Dichtern abzuplagen scheint, was denn auch ihren Werken eine merkwürdig unmenschliche Kühle und Ferne gibt. Hier wird auch sprachlich der Unterschied Haeckers zu Karl Kraus liegen, den er wahrhaftig gebührend geehrt und geschätzt, ja dem er einige überschwengliche Huldigungen dargebracht hat und über den er doch in den späten Tagebüchern schrieb, er bewundere ihn, möchte aber nicht sein Werk geschrieben haben.

Darum sollen wir diese Prosa lesen, dankbar, daß es diese unvergeßlichen Seiten deutscher Sprache gibt, und sollten uns an ihr erquicken als an einem Labsal inmitten der Sprachwüste, die uns geblieben ist, nachdem noch vor dem deutschen Land die deutsche Seele verheert wurde. Denn unsere Sprache siecht dahin und kränkelt. Sie ist bleich und schlaff geworden, marklos und erweicht, schillernd und zwielichtig, und sie schreitet nicht mehr männlich und königlich einher wie ehedem. Zum großen Schriftsteller aber gehört zweierlei: die Leidenschaft des Gedankens und die Macht des Wortes. Kann einer nur schreiben, hat aber kein wesentliches Verhältnis zur Wahrheit, also keine Gedanken, dann ist er nur ein Ästhet mehr, eine Bereicherung der entbehrlichen Spezies, die dem Zeitvertreib des Tages dient. Ist einer ein großer Geist, kann aber nicht schreiben, so bleibt er ein armer Eigenbrödler im schlimmsten, ein heroischer Einzelner im besten Fall. Gedanke und Sprache stehen in einem wesentlichen und keineswegs äußerlichen Verhältnis. Die Idee wird Sprache, dem Blitz der Erkenntnis folgt der Donner des Wortes auf dem Fuß; und die Sprache schenkt die Erkenntnis, nicht in dem biedermännischen Sinn natürlich, wie manche die tiefsten Aufschlüsse von der Etymologie erhoffen, sondern so, daß ein Sprachgebrauch mit einem Schlag ganze Landschaften des Sinnes erhellt. Haecker hat dieses Gesetz der geistigen Existenz des Schriftstellers gelegentlich in einer augustinischen Formulierung wiedergegeben: proficiendo scribere, scribendo proficere, im Fortschritt der Erkenntnis sich zum Schreiben gedrängt fühlen, im Schreiben Erkenntnis gewinnen. Nichts illustriert diese Formel besser als Haeckers eigene literarische Leistung, die so oft, von einem Werk zum anderen fortschreitend, ein Nebenthema des je früheren entfaltet.

So hat Haecker wie kaum ein anderer der allgemeinen Sprachauflösung widerstanden. Aber er wurde ihrer nur Herr, weil er der allgemeinen geistigen Auflösung Herr wurde. Eben dies bestimmt den eigentlichen Ort des Schriftstellers Theodor Haecker, daß er sich der Auflösung, der beängstigenden Krankheit der Zeit, entgegenstemmte. Die Auflösung aber ist die unausbleibliche Folge des Abfalls, was sonst! Der Mensch ist so gebaut, daß er sich an ein Absolutes binden muß, an den lebendigen Gott. Lockert sich diese Bindung, dann fällt er notwendig ins Nichts. Mag sein, daß der von seinem Gravitationspunkt sich lösende Mensch „interessanter" wird, der autonome Mensch oder wie er sonst sich nennen mag, so wie Sternschnuppen wohl interessanter sind als die ewig gleichen Sterne am Himmel. Aber der Mensch ist dann auch wirklich nichts mehr als ein Meteor in der Nacht, den nach kurzem Aufflammen das Dunkel verschlingt. Dabei wird alles auf den Kopf gestellt, das Oberste kommt zuunterst und das Unterste zuoberst, und das neue Evangelium heißt, auf ein Epigramm gebracht: die Kraft kommt von unten. Der Mensch lernt tausend Künste, er wird entschieden gebildeter, sein seelisches Leben wird reicher, denn er gewinnt den Reichtum der ganzen Welt – nur eben um den Preis seiner eigenen Seele. Dann gelten jene unendlich traurigen und unendlich erschütternden Verse des Matthias Claudius: „Wir stolze Menschenkinder sind eitel arme Sünder und wissen gar nicht viel. Wir spinnen Luftgespinste und suchen viele Künste und kommen weiter von dem Ziel." Die Bildung fängt zwar den fallenden Menschen auf, aber sie hat auch immer die Neigung, Religionsersatz zu sein. Sie beschwert den Menschen mit einem unendlichen Wissen, das der Gläubige, der einfältig ist wie ein Kind, nicht braucht, aber sie macht ihn nicht glücklicher. Es ist geradezu eine Demonstration, daß der junge Haecker, nachdem er sich aus einem harten Kaufmannslos heraus unter unsäglichen Opfern selber den Zugang zur Universität erkämpft hatte, eines Tages plötzlich die Universität verläßt – so plötzlich, daß es verzweifelt einer Flucht ähnlich sieht –, und sich seinen eigenen stillen und abseitigen Weg sucht. Er hat sich in diesem Augenblick gegen das Chaos und für das Heil seiner Seele entschieden. Und dann eröffnet er seinen mörderischen Kampf gegen alles, was den Menschen um dieses Heil seiner Seele betrügen wollte, gegen den Liberalismus seiner Zeit, den Vitalismus, gegen Spengler, gegen den späten Scheler, gegen das ganze gespenstische Heer derer, die das Absolute an das Interessante verrieten. Er führte diesen Kampf mit allen Mitteln des Zornes, des Spottes, der Beschwörung, der angestrengten Spekulation, und er vollzog eine immer strengere religiöse und kirchliche Bindung. So hat er für seinen persönlichen Fall sich dem wachsenden Tempo entzogen, mit dem die abendländische Welt dem Abgrund zuraste, und er hätte auch uns herausgerissen, wären wir ihm gefolgt. Indessen – wir haben weder rühmlich noch erfolgreich widerstanden, als das letzte Fazit des Abfalls gezogen wurde, das Nationalsozialismus hieß und gegen das es allerdings keinen Rekurs gab als den auf das Absolute.

Denn das ist die abendländische Frage, das allein, ob wir den Glauben haben und ob dieser Glaube die formende und gestaltende Kraft ist für alles andere, das nur Stoff ist, dazu bestimmt, vom Glauben verwandelt, am Leben erhalten und neu fruchtbar gemacht zu werden. Der autonome Humanismus, der Renaissancehumanismus und der Neuhumanismus wurden von der Barbarei einfach überrannt, sie vermochten ihr nicht zu widerstehen, obwohl sie auf Leben und Tod herausgefordert waren. Und das Erbe Roms, das, wie wir glauben, durch einen besonderen Akt göttlichen Heilsrats den Deutschen übertragen worden war, das Erbe Roms, das Imperium, ist zum Spott und zur Karikatur seiner selbst geworden. Dieses Privileg ist ganz gewiß für immer verscherzt und vertan, spätestens seit dem Augenblick, als Amerikaner und Russen (gegen die mit dieser Feststellung nichts gesagt ist) in den Hauptstädten dieses ehemaligen Imperium Sacrum sich niedergelassen haben. Ohne Glauben ist Antike dann nichts mehr als Gerümpel oder auch ein Irrgarten für lebensabseitige Schwärmer, Humanismus dann nur noch ein Haufen Bücher, aber keine gestaltete und gestaltende Welt mehr. Das alles hält nicht mehr und verträgt auch nicht mehr die leiseste Erschütterung, geschweige denn solche Orkane, wie sie in unserem Jahrhundert entfesselt worden sind. Dies sind nicht vage Behauptungen, sondern die bitteren Erfahrungen unserer Generation. Alle einzelnen Elemente des Abendländischen, einmal groß und lebendig zu ihrer Zeit, sind tot, ein Haufen Totengebein ohne die Beseelung und den lebendigen Anhauch des Glaubens. Was nicht in dieses neue Element getaucht ist, mochte vielleicht einer weniger angefochtenen Zeit den Menschen und die Völker zu tragen scheinen. Aber nun, da die Abgründe aufgerissen sind, wer möchte mit diesem toten Ballast den Sprung noch wagen? In der Akademie wandeln Plato und seine Schüler, aber über die stürmische See wandelt nur Christus, Herr auch über das Chaos und die Todesmächte.

Wie war es denn ehedem? Hat nicht die junge Kirche, die Kirche der Väter, die Kirche des Klemens von Alexandrien und die Kirche der Kappadozier und die Kirche Augustins mit einem geistigen

Mut ohnegleichen der versinkenden, der erschöpften, der sterbenden Antike wieder aufgeholfen und ihr zu einem neuen prangenden Leben verholfen, das sie ohne den Glauben nie mehr erreicht hätte? Und immer hat die Kirche, in ihren großen Zeiten, diese Kraft der Assimilation erwiesen und ist aus der Sicherheit ihrer göttlichen Kräfte mit einer bewundernswerten Unbefangenheit jeder Kultur gegenübergetreten und hat deren Leben, das gewiß von Haus aus schön und reich und üppig war, weil es ja gottgeschenkt war, unendlich gesteigert. Solche Kraft hat der Glaube und nur der Glaube, und ohne ihn bleibt das Schönste aller Zeiten nur musealer Bestand. Um gleich ein Beispiel aus der Welt Theodor Haekkers selbst zu nennen: nur ihm, dem Gläubigen, ist es im Jubiläumsjahr Vergils gelungen, einen antiken Dichter nach zweitausend Jahren wieder zum Leben zu erwecken, so daß die Besten der Nation, die Besten Europas – denn das Buch ist in sämtliche Sprachen des Abendlandes übersetzt – sich wieder im großen Einverständnis ihrer kulturellen Tradition fanden. Das bleibende Vergilbuch hat nicht ein Humanist und nicht ein Philologe geschrieben, sondern ein Christ, und nur Theodor Haecker konnte es schreiben, weil nur der Glaube den Bestand unserer geschichtlichen Überlieferung neu zu beleben vermag.

Aber wozu sollen wir das alles sagen in unseren matten Worten, wo eben Theodor Haecker es in unvergänglichen gesagt hat: „Europa ist das Kind des Einen Glaubens und als dieses Kind der einzige Erbe des griechischen und römischen Geistes, der westlichen Kunst mit der Prävalenz der Leichtheit und Lichtheit strenger Formen vor aller Schwere und Nacht chaotischen Inhalts; der westlichen Philosophie mit der Herrschaft des lebendigen Logos über Trieb und Drang und Leidenschaft; der westlichen Wissenschaft mit der Idee des Gesetzes und der Regel und der ‚Humanität'. Das ist der ‚Westen' und das der Sinn des Westens und seiner Literatur, auch wenn diese nicht direkt davon, sondern sachlich von anderen Dingen spricht, was sie muß und soll: Im Gehorsam des Einen Glaubens, welcher das erste ist, an das Heil, das von den Juden kam, die Erben zu sein der Griechen, der Dämonie wie der Heiterkeit ihrer Kunst, der Exaktheit ihrer Wissenschaft, der Erhabenheit ihrer Metaphysik und ihrer großen Idee, der Humanität – Erben, nicht Sklaven, legitime Erben in aller Unmittelbarkeit ihres eigenen Lebens mit allen Rechten ihrer eigenen unvergleichlichen Natur, in der Freiheit und Gebundenheit ihrer eigenen mitgegebenen, an die Nationen einzeln verteilten Gaben: dieses, *‚aber zuerst den Glauben haben'*, das ist der geistige Sinn der europäischen Völker, das und das allein ist ihre verborgene Einheit, von diesem Sinne leben sie mitten in Schuld und Blut und Sünden, verlieren sie ihn ganz, sterben sie, wenn auch schreiend und schreibend. Es haben Zeiten gemeint und diese Tage meinen es noch, daß das antike Erbe: Philosophie, Kunst und Wissenschaft, wie nur der Westen als Idee sie kennt, bewahrt und realisiert werden könne auch trotz oder gar wegen der Emanzipation von dem *Einen* Glauben. Ein gewaltiger Irrtum! Ohne den christlichen Glauben ist Europa nur ein Sandkorn im Wirbelwind der Meinungen, Ideen und Religionen, es wird morgen auf den Knien liegen vor den Russen, übermorgen vor den Japanern, in drei Tagen vor den Chinesen, in vieren vor den Indern, am letzten aber ganz gewiß die Beute der Neger sein; es wird morgen das Matriarchat haben und übermorgen die Pornokratie; seine Literatur wird nur mehr kennen und sagen die untergeistigen Dinge, nämlich die gnostischen, die unterseelischen, nämlich die psycho-analytischen, die unterleiblichen, nämlich eben diese in Unzucht und Perversion. Wenn es so weit noch lange nicht ist, dann nur, weil da immer noch 7000 Gerechte sind, die ihres Glaubens leben ... Mit dem christlichen Glauben allein kann Europas glorreiche Literatur wiederauferstehen, in neuer Gestalt, mit ihm allein können die Völker des Westens die unvermeidliche Aussprache mit denen des Ostens, die blutige und die unblutige, bestehen. Mit Voltaire und mit Shaw können sie es nicht. Das ist wahrhaft und wirklich zum Lachen, das bitter sein wird wie Galle. Dessen sollte die Literatur sich bewußt werden, hier ist die Stunde ihrer Heimsuchung."

Wir sagten, die Kirche müsse wieder jene große Haltung der Unbefangenheit und des Vertrauens aufbringen den kulturellen Kräften gegenüber und, da die kulturelle Kraft das Genie ist, dem Genie gegenüber. Tut sie es nicht, so ist es ihr eigener Schaden und der Schaden der Kultur. Wie es bei Theodor Haecker heißt: „Sie kann wie Platon das Genie des Landes, *ihres* Landes verweisen, was sofort zwei fatale Nebenerscheinungen zeitigt, nämlich daß sie, da ja doch im Menschen das Bedürfnis nach Schönheit so ursprünglich und gebieterisch ist wie irgendein anderes, schließlich wieder fremde Gäste zuläßt, nur um Äußerlichkeiten willen, oder aus Opportunismus, wiewohl sie innerlich das hochzeitliche Kleid nicht tragen, sondern schmutzig sind, und zweitens, daß sie Surrogate nimmt, begünstigt, empfiehlt aus purer Vorsicht; daß sie eine Kunst sanktioniert und als christlich ausgibt, die weder aus dem Element der *natura naturans* hervorgegangen, noch je den Dämonen begegnet ist, um gewappnet und geheiligt durch die Gnade, sie zu besiegen, sondern denen beiden sie feige ausweicht. Und das ist etwas auf die Dauer Unerträgliches, es ist die pure Mittelmäßigkeit und Unwahrheit, der Sieg der Mediokratie, die schließlich Christentum und Kirche ungleich abträglicher ist als selbst das revoltierende Genie in all seiner Selbstherrlichkeit."

Diese Kraft muß der Glaube wieder bewähren, diese zuerst, wenn es wieder ein Abendland geben soll. Einige werden widersprechen und werden sagen, nein, die Kirche müsse bleiben im rein Religiösen, in das sie zurückverwiesen worden sei durch ihre Feinde zwar, die aber nach Gottes Willen immer Werkzeuge ihrer Erneuerung werden müßten. Wir sind mit ihnen einig, und wir beten darum, daß die Kirche nicht weltliche Ziele sich setze, die ihr nicht zugewiesen sind. Aber sie wird von selbst wirksam werden, sich entfalten in die Welt hinein und die Welt befruchten, je mehr sie *sie selbst* ist. Nicht durch Überwachung, nicht durch Reglementierung, nicht durch institutionelle Einflußnahme, nicht durch inquisitorisches Mißtrauen wird sie dem Abendland aufhelfen, wohl aber wird sie, wenn sie ganz in ihrem eigenen Lichte leuchtet, das das Licht Christi ist, auch die von der bösen Finsternis der Hölle überflutete Welt wieder ins Licht heben. Sie muß nichts tun als nach der tödlichen Umschnürung ihre Glieder wieder regen, dann wird ihr Atem, der der Gottesodem des Heiligen Geistes ist, auch die erstarrte Welt wieder beleben.

Denn noch einmal, es handelt sich nicht darum, vom Christentum her großzügig irgendwelche Werte des abendländischen Erbes zu bestätigen oder ängstlich zu fixieren, also auch nicht etwa darum, der klassischen deutschen Bildungstradition einfach den Segen der Kirche zu erteilen. Im Gegenteil, ein neuer christlicher Humanismus, ein neues christliches Abendland kann nicht davon absehen, daß die Welt eine entfesselte Welt geworden ist, und muß erkennen, worin nun eigentlich das christliche *Mehr* liegt gegenüber allen optimistischen und harmonistischen, ahnungslosen Versuchen, die Welt an ihrer Oberfläche zu glätten. Haecker hat um dieses christliche Mehr gewußt. Zunächst hat er in einer erstaunlichen Stelle die Grenze und die letzte Fragwürdigkeit des klassisch-romanischen Formideals charakterisiert. Es heißt in „Christentum und Kultur": „Es ist nahezu ein Kanon des klassisch-romanischen Formideals, daß, um einen Gegenstand zu erhöhen, er verglichen werden darf nur mit gleich hohen oder noch höheren Dingen, daß Pathos nur aus Pathos sich nährt. Das *‚parvis componere magna'* (Großes mit Kleinem zu vergleichen) wird im Vergilschen Verse abgelehnt. Demgegenüber steht der durch Beispiele leicht belegbare Sachverhalt, daß für das germanische Denken und den germanischen Sprachgeist, für Englisch und Deutsch, die höchste erschütterndste Wirkung oft erreicht wird durch den unmittelbaren Vergleich des hohen und höchsten Dinges mit einem niedrigen, oft komischen, subalternen, ja sogar skurrilen Dinge. ‚Der wesentliche existentielle Denker hat ebensoviel Komik wie Pathos', schreibt Kierkegaard, das heißt aber nicht nebeneinander oder nacheinander, daß er zwei Stunden oder Akte komisch sei und die nächsten zwei Stunden oder Akte pathetisch, sondern ineinander, in einem Blitze, der aus den Höhen herabzuckt in eine Lache, oder in einem Augenaufschlag, hinauf von der Winkelgasse zu der Milchstraße, von dem vergänglichsten Augenblick zeitlicher Beschäftigung zu den Äonen und Ewigkeiten, da Gott war, ehe noch die Welt war und alle geschaffenen Geister, in der Seligkeit seiner Dreieinigkeit. Ineinander – darum kann Kierkegaard schreiben: ‚Wie in einer Heringssendung einige Exemplare, die obenauf liegen, zerdrückt werden, so gehen in jeder Generation einige Menschen verloren', und siehe: es ist der Märtyrer, der stellvertretende Leidende, das höchste menschliche Pathos, sich erhebend aus einer Skurrilität. So kann in seinem genialsten Augenblick Ibsen den Knopfgießer dichten, und siehe: es ist der Weltenrichter. So kann der größte neuere Odendichter Englands, Francis Thompson, unter dem Bilde des Jagdhunds des Himmels den liebenden Gott meinen, der die einzelne Seele immer wieder aufscheucht und hetzt zum wahren Heile – ein Bild, das übrigens fast genauso Kierkegaard hat. Wie verblaßt nach solcher

Kost trotz aller Schönheit das klassisch-romanische Formideal, wie wird es, außer in seiner vollsten Erhabenheit, süßlich schmekkend und banal. Und wo findet diese Form, diese Spannung von Abgrund zu Abgrund sich noch? Wo ist der kleine Feigenbaum, der von einem Winde geschüttelt wird, und es fallen die Feigen herunter? Doch nein, siehe: es sind Sonne, Mond und alle Sterne des Himmels, die herunterfallen. Ein Blatt verwelkt am Weinstock, ein dürres Blatt am Feigenbaum; doch nein, siehe, es ist der Himmel und alles Heer des Himmels, das verfault, sich zusammenrollt und verwelkt. Aber diese Form des Vergleichens des Hohen mit dem Niedrigen und Kleinen ist ja vielleicht ein trüber Spiegel, ein schwächliches sprachliches Abbild, eine dunkle Analogie zu jenen Realitäten des göttlichen Dramas: Er war der allerverachtetste, so verachtet, daß man das Angesicht vor ihm verbarg; geplagt und gemartert, wie ein Schaf verstummt vor dem Scherer, sein Leben in den Tod gegeben, und den Übeltätern gleich gerechnet – aber siehe: es ist der Sohn Gottes; aus Schmutz, Blut und Wunden, aus Verachtung und Hohn zur Glorie und Allmacht: welch ein Ineinander des Denkens und welch ein Weg!"

Unsere Zeit ist die Probe der Bewährung für jedes System, das eine Gute hat sie wenigstens. Ideen, die ewig zu sein schienen, haben sich als windige Einfälle entpuppt in dem Augenblick, da es ernst wurde. Hier ist nun zweierlei zu beobachten: einmal, daß einfach die überkommenen Lösungen der autonomen Phasen abendländischen Geistes zu seicht sind, zu sehr bezogen auf die Welt der Sekurität, die sie produziert hat. Was zuschanden wurde im Jahre 1945 waren die rationalistischen Ordnungsgedanken und die zugehörige Apparatur, war der sonnige und rosige Optimismus und seine uns heute einfach herausfordernde und aufreizende Vorstellung vom Menschen, mit dem sich die Ära des Fortschrittsglaubens begnügte und vergnügte. Wir sind nun wirklich der Reiter auf dem Bodensee, aber nicht der, der nachträglich erschrickt, daß er über den Abgrund jagte, sondern leider der, der wissend über die dünne Decke des Abgrundes reiten muß. Das zweite aber ist dieses: wo in den neueren Zeiten von hellhörigen, aber ungläubigen Geistern das nahende Beben schon geahnt wurde – und es gab diese unter den Dichtern und unter den Philosophen –, da haben diese Erkenntnisse jedesmal umgeschlagen in irgendeine Perversion oder irgendeinen Krampf oder irgendeine Verzweiflung. Wieder ist es so, daß der Glaube Europa ist und daß eine Erkenntnis, und wäre sie die grausigste, nur dort nicht schädlich wird und nur dort ertragen und bestanden werden kann, wo es diesen Glauben gibt. Nicht nur der äußere Bestand des abendländischen Seins wird nur vom Glauben lebendig bewahrt, sondern auch die inneren Erfahrungen des abendländischen Menschen schlagen ihm nur zum Heile aus, wenn der Glaube sie annimmt und erlöst.

Aus der Erfahrung von dem letzten Ungenügen, in dem der Mensch in dieser Welt leben muß, wurde die tötende Melancholie, die Dürersche Melancholie („Was nützt alles?") und die Leichenstarre der abendländischen Seele. Und da viele geniale Menschen in den letzten hundert Jahren diesen Dämon der Schwermut nicht mehr zu bezwingen vermochten, sind sie untergegangen: „Sie sind klagend untergegangen in den Wassern der Schwermut, sie haben nicht die reißenden Tiere gezähmt, sie sind von ihnen zerrissen worden, sie haben nicht in aller Nacht das selige Licht Gottes gesehen, sie waren draußen immer, sie haben sich in das dumpfe unterirdische Feuer des Vulkans gestürzt, denn sie haben nicht die Schöpfung im Lichte des Glaubens und der Offenbarung gesehen, sondern nur in der Welt eigenem Lichte, das zum flackernden Irrlicht wird, sobald es den Weg über sie hinaus beleuchten soll." Auch der Christ macht diese Erfahrung der Unzulänglichkeit, er mehr als ein anderer, denn er mißt die Wirklichkeit an einem Absoluten, um das er aus dem Glauben weiß. In seiner Seele gibt es auch die Schwermut, aber nicht die dunkle Melancholie, sondern die Schwermut, die seine Hoffnung nährt und wachhält. Denn zweifellos ist es der Sinn der Schwermut, die Frage der Transzendenz brennend zu machen. Wenige haben das so genau gewußt wie Theodor Haecker, und nicht durch theoretische Besinnung, sondern elementar. Übrigens muß vielleicht der Mensch von so absolutem Geschmack, und das war er, notwendig schwermütig sein, denn immer schaut er mit innerem Auge die absolute Schönheit, und immer muß er darum verzweifelt leiden unter den Entstellungen der irdischen Formen. Indessen ist das Abendland nicht mehr fähig, so wie es heute ist, sich aus der Erfahrung der Unzulänglichkeit des Irdischen auszustrecken in

Sehnsucht nach dem seligen Leben bei Gott, sondern die Menschen werden eben Zyniker, oder sie werden Nihilisten. Denn nur der Glaube meistert die Erfahrungen, die uns zugedacht und zugemutet sind. Der Typ des Zynikers gedeiht in einer Welt des Abfalls und geistert heute erschreckend durch alle Literatur des Tages. Keiner dieser Spötter scheint je auf den Gedanken zu kommen, all dieser Zynismus sei nichts anderes als die letzte Niederlage, die letzte Selbstabdankung des Menschen vor seinem Schicksal.

Seit einer geraumen Zeit stören den modernen Menschen die Unstimmigkeiten des Daseins, und es ist kein Wunder, daß er seit langem fasziniert ist durch das Phänomen des Tragischen. Unverkennbar ist seine durch den Abfall genährte Neigung, aus dem unübersehbaren Tragischen des Daseins ein tragisches Dasein selbst zu machen, und vor allem Gott selbst in den tragischen Prozeß hineinzuzerren. Das aber ist der Ausweg der Verzweiflung und ein neuer Fall, in dem der abendländische Mensch nicht mehr Herr wird über seine Erfahrungen, wenn er den Glauben nicht mehr hat. Haecker hat sich mit dem Tragischen viel beschäftigt, aber er kam ihm bei, indem er diesen gefährlichen Begriff auf die Realitäten des Dogmas bezog, auf die Begriffe der Erbschuld und des Kreuzes, und indem er dicht neben den Erfahrungssatz, daß das Dasein tragisch ist, den Glaubenssatz stellt, daß Gott selig ist. So wird denn christlich der Begriff der Tragik durch den Begriff des Opfers überwunden: „Realer als alle Tragik, die historische Bedingungen hat, ist das Opfer, das vor aller Historie metaphysisch zum Sein gehört – weil das Sein die Liebe ist. Was ist eine Liebe ohne Opfer? Und die Liebe, welche Gott selber ist, wollte nicht nur einen Geliebten erschaffen, sondern einen Liebenden nach seinem Bilde... Wie konnte Er Seinem lebendigen Bilde das Opfer ersparen, wenn es wirklich *Sein* Bild sein sollte, da Er selber von allem Anfang an, nein, das ist zuwenig gesagt, man denkt an die Zeit, vielmehr aus dem Urgrund Seines Seins a se her, aus Seiner *Deitas*, aus seiner Liebe her, das Opfer Seines Eingeborenen Sohnes zu bringen gewillt war?! Er, welcher selig ist, *per saecula saeculorum!* Korn und Traube, daraus wird Brot und Wein. Aber dazwischen ist Mühle und Kelter; ohne sie wird kein Brot und kein Wein. Brot und Wein, also Friede und Freude, sind die Gestalten des Leibes und Blutes Christi, und sie sind nicht ohne Mahlstein und Kelter, ohne Marter und Blut. Der *Filius Hominis* ist am Kreuz. Die Glieder der Märtyrer werden verrenkt, und das Blut wird aus ihren Adern gepreßt. Anders wird der Mensch nicht ‚wie Gott'. Ist das tragisch? Ich sage, es ist mehr, es geht zwar durch es hindurch und verbrennt es, aber es geht darüber unvergleichlich hinaus, denn: Gott ist selig. Und *diese* Seligkeit *ist* jenes alles wert."

Das also ist die Antwort Theodor Haeckers auf die abendländische Frage, die jetzt eine Frage auf Leben und Tod geworden ist: ohne den Glauben wird es kein Abendland mehr geben: „Gewiß, das ist so, nie wird eine christliche Kultur in höherem Sinne dort entstehen, wo das Dogma nur die negative Bedeutung eines regulativen Prinzips hat, einer Grenze, bis zu der man gehen und schaffen darf: diese Aufgabe hat das Dogma auch, natürlich, und es ist eine heilsame Aufgabe, aber zu einer christlichen Kultur reicht keine Negation aus Furcht bloß; die große Liebe muß dazu... Es muß im schaffenden Christen mehr sein, eine Steigerung, eine absolute Position, ein *sensus* dogmaticus, ein Instinkt des Dogmatischen, dem er folgt, aus dem er schafft. Kein bloßer christlich gefärbter Moralismus allein genügt zu einer christlichen Kultur, sonst hätten wir eine, wir haben aber keine... Nicht einmal eine ernstere christliche Ethik hat diese Kraft, denn kein Sollen erzeugt jemals eine Kultur; ihr Schoß, aus dem sie geboren wird, ist immer ein überschüssiges Sein. Es ist das christliche metaphysische Sein allein, realisiert und aktualisiert im Menschen durch den Geist des göttlichen Glaubens: es ist die große christliche metaphysische Wirklichkeit aller Wirklichkeiten, *die Inkarnation*, die da offenbart und feierlich verkündet ist wie vom Thron aller Throne im Anfang des vierten Evangeliums; diese erlauchte Metaphysik ist es, die allein die Kraft gibt, eine christliche Kultur zu schaffen."

WÜRDIGUNG DES AUTORS ZUM 75. GEBURTSTAG

Am 23. März 1982 vollendet Prälat Bernhard Hanssler, soeben von Bochum nach Stuttgart zurückgekehrt, sein 75. Lebensjahr. Nach seinen theologischen Studien in Tübingen kam er über die Jugend- und Studentenseelsorge am Ende des Zweiten Weltkrieges ins Pfarramt, wo er zehn Jahre, zuletzt in Stuttgart, tätig war. Danach baute er die Bischöfliche Studienförderung, das „Cusanus-Werk", auf. Dieses steht unter dem dreifachen Anspruch der wissenschaftlichen Hochbegabung, der ausgeprägten religiösen Grundhaltung und des menschlich-charakterlichen Formats. Seine Verdienste um dieses Werk sind in einer Festschrift „Zwanzig Jahre Cusanus-Werk" zur Jahrestagung 1976 im Hause der Begegnung in Königstein/Taunus gewürdigt.

In wichtigen Jahren vor und nach dem II. Vatikanischen Konzil war Hanssler geistlicher Direktor des Zentralkomitees der Deutschen Katholiken in Bad Godesberg, dessen Kulturreferat er mit besonderem Erfolg vertrat. Aus dieser Zeit stammen auch seine vielbeachteten Buchveröffentlichungen „Gottesvolk der Kirche", „Die Kirche in der Gesellschaft", „Glaube und Kultur" und „Christliches Spektrum". In seiner Stuttgarter Zeit galt sein besonderes parapastorales Interesse einer Dante-Exegese, der wir das Herder-Bändchen „Dante bleibt aktuell" verdanken. In bleibender Erinnerung sind auch die großen Verdienste, die sich Prälat Hanssler als Mitbegründer und Spiritual der „Katholischen Ärztearbeit Deutschlands" erwarb. Seit Begründung der Gemeinschaftstagungen von Ärzten und Theologen 1947 bis zu seiner Berufung nach Rom war er theologischer Berater dieser Institution. Seine Repräsentation im „Campo santo teutonico" in Rom und sein Einsatz für die Restaurierung der Kirche dort sollten nicht der Vergessenheit anheimfallen. Nach seinem Weggang aus Rom widmete er sich zunächst der

Touristenseelsorge im Ausland sowie dem Studium des Katholizismus „vor Ort" in Südamerika. Von Bochum aus nahm er im Auftrag des Bischofs neben anderen Tätigkeiten Unterrichtsaufgaben an mehreren Einrichtungen des Bistums Essen wahr.

Bernhard Hanssler gehört mit seinem Lebenswerk als Seelsorger, als Theologe, als Rhetor und Schriftsteller dank seiner ursprünglichen geistlichen Wahrnehmungsfähigkeit, seiner geistes-, kultur- und glaubenswissenschaftlichen Wissensbreite sowie seiner faszinierenden Darstellungskunst in Wort und Schrift zu den hervorragenden Gestalten des deutschen Katholizismus, der seinem Wirken so viel verdankt. „Glauben aus der Kraft des Geistes" ist ein erneutes Zeugnis für den hohen Rang Hansslers als Autor und ein Geschenk für seinen großen Freundes-, Hörer- und Leserkreis.

Hannes Sauter-Servaes

Helmut Thielicke

Das Lachen der Heiligen und Narren
Band 491, 144 Seiten, 4. Aufl.

Wer glaubt, denkt weiter
Briefkurs für fragende Menschen
Hrsg. von der Projektgruppe Glaubensinformation
Mit einem Vorwort von Helmut Thielicke
Band 550, 176 Seiten, 6. Aufl.

Der Christ im Ernstfall
Das kleine Buch der Hoffnung
Band 600, 160 Seiten, 4. Aufl.

Wer darf sterben?
Grenzfragen der modernen Medizin
Band 710, 144 Seiten, 2. Aufl.

Von der Freiheit, ein Mensch zu sein
Orientierungen und Entscheidungshilfen
Band 860, 176 Seiten

in der Herderbücherei